极目天下
简阅沧桑

东方看世界
区域国别极简史丛书
丛书主编：孟钟捷

A Concise History of France

极简 法国史

·朱明 著

中国出版集团
东方出版中心

图书在版编目（CIP）数据

极简法国史 / 朱明著 . -- 上海：东方出版中心，
2025. 1. -- ISBN 978 - 7 - 5473 - 2663 - 3

Ⅰ . K565.0

中国国家版本馆 CIP 数据核字第 2025S58U77 号

极简法国史

丛书主编　孟钟捷
著　　者　朱　明
丛书策划　陈义望　朱宝元
责任编辑　张　宇
助理编辑　沈辰成
封扉设计　张丽颖

出 版 人　陈义望
出版发行　东方出版中心
地　　址　上海市仙霞路345号
邮政编码　200336
电　　话　021 - 62417400
印 刷 者　上海盛通时代印刷有限公司

开　　本　787mm × 1092mm　1/32
印　　张　8.25
字　　数　135千字
版　　次　2025年3月第1版
印　　次　2025年3月第1次印刷
定　　价　68.00元

丛书总序

　　区域国别研究是当下中国学界的显学。它得益于改革开放以来中国经济迅猛发展、政治影响力不断提升、文化交往日益密切的伟大进程。在中国式现代化道路的逐次展开之中，在中国日益迈向世界舞台的中央之时，在人类命运共同体的理念响彻中华大地的背景之下，中国人对他者、异域、世界的好奇心越来越强烈，并转化为蓬勃的求知动力，推动着来自历史、地理、文学、语言、经济、政治等学科的研究者提供见解，交流彼此的心得。

　　史学是区域国别研究的基础学科。在国内外的史学机构内，区域国别史属于常见的二级研究方向。它主要致力于从历史的维度来展示特定区域或国家的成长历程及其同世界的互动轨迹，以便追溯今天的某些国家特点或民族特性之所以形成的历史根源，从而为进一步预测这些区域和国家的未来行为提供依据。在中国，区域国别史还必须描述中国和该国家该地区交往的历程及其演变动力等重要问题，由此为当下中国外交实践提供某些经验、教训乃至指引。

在中国的古史里，区域国别史早已出现。史官们用言简意赅的话描绘了周边国家和地区的地理环境、政治沿革、社会风貌、人物品性等要素。《明史》的作者甚至已触及遥远的欧洲，谈到了"意大里亚"（意大利）、"和兰"（荷兰）等国家。到近代，徐继畲撰写《瀛寰志略》，介绍了100多个国家和地区，为中国人"开眼看世界"提供了便捷。此后，译介自东洋的区域国别史著作纷至沓来。

从翻译到撰写，体现了中国人在区域国别史研究领域里的自主意识提升、创新能力增强。在过去的几十年里，有关美、英、法、德、俄、日等国家和中东、非洲等地区的历史演进，中国学者不仅出版了单卷本通史，还用集体攻关的方式推出了多卷本通史。这些成果在学术界影响深远，大多成为专业研究者精进的基础文本。

尽管如此，当中国人日益渴望了解乃至理解外部世界时，当老百姓的出国旅游潮不断变大时，当网络上呈现的区域国别史知识良莠不齐时，作为历史知识生产者，我们专业研究者必须承认，中国的区域国别史书写工作尚有大片空白。多卷本通史篇幅浩大、专业艰深，不符合普通读者的阅读期待。对于主要大国之外的区域和国家，如果仅仅依靠引进译著，显然远远不能满足社会各界的需求和期待，而且容易落入西方中心论的陷阱。

正是基于这样的反思，我们才决定启动本丛书的编写。参与这项工作的作者和编者都经过了专业训练，而且无一不怀有明确而坚定的"为民众写史"的意识和决心。我们用"极简"二字表达了与专业书写相对"繁复"之惯性的区别。不过，依然需要强调的是，这套书的特点在于：

第一，以简驭繁。每本书的字数不超过10万，自然无法面面俱到，但每个国家的历史依然以系统性的方式呈现，保证历史叙述的整体框架或核心线索的完整性。这根线索或许和民族性相关，或许表现为国家类型的变化，或许反映了文化特质的演进等。

第二，简中有新。不管是针对某些大国的书写，还是围绕尚未有过深度研究的国度或区域的呈现，我们都尽力站在中国立场上，基于新时代中国特有的理念，例如人类命运共同体、文明互鉴、中国式现代化等，去描绘、述说、评述它们的历史演进及其同中国的关联。

第三，简洁生动。所有文本以通俗易懂为宗旨，配有各种形式的图片，力求用生动活泼的语言，把一个国家的历史或某些区域的演进呈现在大众读者面前。为此，我们放弃了用脚注，而是用参考文献，来说明主要资料来源。我们也不再过多纠结于某些学术争议问题，而是尽量提供学界共识和作者的思考。

当然，每一位作者都是独立的知识创新者。在符合以上三点基本原则的基础上，每一位作者都有广阔而自由的书写空间。我们真诚地期望，本系列能够为中国民众新一轮"开眼看世界"，进一步理解百年未有之大变局下的人类命运共同体提供有益参鉴。

孟钟捷
2024年深冬

目　录

引 言

　　2024年夏季，巴黎举办了第33届奥运会。毫无疑问，巴黎奥运会独特的开幕式获得了全世界的惊奇和称赞，也理所当然地引发了全世界的争议和批评。开幕式体现的创新和叛逆，令全世界再次加深了对法国的印象。如果不让人眼前一亮，似乎不能体现法国的特色，但是，如果没有引起热议，似乎更不能体现法国的特色。这就是法国。

　　可能没有哪个国家会在奥运会开幕式上体现如此多的绘画、音乐、文学、电影等元素，而且这些文艺元素基本上都是法国的"原创"。

　　绘画上，塞纳河边展示了乔治·德·拉图尔的《方块A的作弊者》，枫丹白露画派的《加布里埃尔·德斯特雷和她的姐妹》，画中女主角仅从河里露出头部，颇具创意。通过奥运圣火在卢浮宫的传递，展现了馆藏经典之作《蒙娜丽莎》《马拉之死》《梅杜萨之筏》，以及拉图尔的《油灯前的玛德莱娜》《圣爱莲救治圣塞巴斯蒂安》，安格尔的《凯洛琳·里维勒小姐肖像》，维杰·勒布伦的《女画家和她的女儿》。令人称奇的是，画中人物纷纷走出画面。

音乐上，有古典音乐，比才的《卡门》、圣桑的《骷髅之舞》、德彪西的《牧神午后》、拉威尔的《水的嬉戏》《F大调弦乐四重奏》、萨蒂的《裸体舞曲三首》、保罗·杜卡斯的《魔法师的学徒》、拉莫的歌剧《殷勤的印第安人》，也有现代音乐，伊迪丝·琵雅芙的《爱的赞歌》。与法国有关的音乐剧《歌剧院幽灵》，以及极具法国风情的康康舞、卡巴莱，可能会让人感觉亲切一些。

文学上，向观众展示的可能并不是非常平易近人的作品，除了莫泊桑的《俊友》和雨果的《悲惨世界》人们比较熟悉，其他作品都是相对陌生的，如莫里哀的《华丽的恋人》、象征主义诗人魏尔伦的《无字浪漫曲》、缪塞的《勿以爱情为戏》、安妮·埃尔诺的《简单的激情》、蕾拉·斯利玛尼的《性与谎言》、拉迪盖的《魔鬼附身》、拉克洛的《危险的关系》、皮埃尔·德·马里沃的《爱情的凯旋》。不过，这些作品的主题有一个共同点，那就是揭示了人类情感的复杂性和善变性，法国人特别擅长在这个领域进行探索，不断深入思考和理解情感、欲望、激情这些非理性层面，而这些复杂性和善变性似乎恰恰是人工智能所不能掌握的。

电影是法国人卢米埃尔兄弟发明的，开幕式也回顾了此事，并且重点致敬了"新浪潮"电影。这就是开幕式中为大多数人感到陌生的"三人行"镜头，其实是在让人们联想起法国"新浪潮"大师特吕弗的《朱尔与吉姆》和戈达尔的《法外之徒》，这两部电影都是20世纪60年代的作品，体现了当时青年人对制度的抗争和对情感的尝试，渗透着导演对时代的思考。然而，在如今娱乐电影占主导的时代，这种让人思考的电影愈加小众，但是在法国，由此传承下来的艺术电影依然流行，是法国人借助电影思考人生、社会、伦理的方式，因此也颇具法国特色。

开幕式还把被砍头的王后安托瓦内特搬出来，提醒人们法国大革命这个"made in France"，又影响世界的历史事件。同时，开幕式还展现了法国人发明的热气球和跑酷、凡尔纳的科幻小说，尤其是刚刚修复的巴黎圣母院。当然，还有法国人"发明"的后现代主义，这充分体现在对女性和边缘群体的关照上，因此，会有开幕式上升起的十位杰出法国女性的雕像，以及那个引起极大争议的"最后的晚餐和酒神"的表演。如果深入思考，其实这些还是要追溯到波伏娃和福柯，他们的思想在过去的半个世纪中改变着这个世界，而且程度越来越深。

开幕式这种如数家珍般罗列本国各项成就的做法，

除了让人们感慨其家底之殷实，似乎也体现了法国人的"傲娇"，但这正是骄傲的法国人必然会做的。也正是这些历史遗产和小众作品，讲述了深刻的哲理，让我们看到抵制资本、权力、流俗，保持自由、独立、理性的法国人。虽然对情感的探索方面应当是非理性，但体现的依然是法国人号召的平等，与博爱、自由一道也是法国人对世界的贡献。这些特点，无论是在法国的历史上还是在现实中，都可以看出来。

当然，开幕式上的这些展示，并非随意进行的，而是有所选择的，有所强调的，是与法国历史上的思想和文化成就息息相关的，体现的是法国人思想的深度。当然，其中也有遭到很多人批评的部分，但这在法国并不奇怪，因为法国思想中就饱含实验性、先锋性，以及颠覆性、革命性。

独辟蹊径、与众不同，似乎构成了法国历史发展的主要动力，并且形塑了独一无二的法国文化，使其在世界民族之林中独树一帜，自成一体，又散发着难以抵抗的魅力，令人着迷，也令全世界都心向往之。为何法国能够成为这样充满个性和特色的国家，其实正是由其历史所决定的。在两千多年的历史中，法国就不断上演各种斗争、反叛、革命，对秩序、权力、资本无穷无尽的拷问，似乎成了法国人的习惯，而这些思考的结晶，就是法国乐于向世人铺陈和展现的那些文化成就。

通过这个开幕式，我们能够大致了解法国人是如何看待自己的历史和形象的，更可以从中看出其价值观和人生观。因此，短短三个多小时，让我们对法国文化史，乃至法国思想史，有了一个快速的概览。关于这些，我们可以在中世纪的封建社会、市民斗争、法国大革命，乃至20世纪的思想家身上看出来。

而本书要做的，就是希望以类似的方式，让读者快速地理解法国何以成为今天的模样，它是如何被自己的历史所缔造，所形塑。如果说这场奥运会开幕式是在横截面上让人们了解法国的文化，那么，本书就是要纵向讲述法国的历史。而且，与其他法国史书写不同，本书选取了一些最典型的法国特点，或者影响法国最深的方面，并以此为中心展开法国史的讲述，从而让读者更容易理解法国何以成为法国。

传统的法国史写作，基本上都是按照时间线索，讲述法国2 000多年的历史。其中，启蒙运动和法国大革命是传统的重点，也是法国史最脍炙人口的部分。后来，学术界出现了对旧制度时期（17—18世纪）经济和社会史、19世纪法国史的研究。法国古代史（甚至包括10世纪以前的历史）少有人问津，可能是因为法国的早期历史比不上古希腊、古罗马的辉煌，而文艺复兴史（在意大利为14—16世纪，在法国一般仅为16世纪，以弗朗索瓦一世时代、卢瓦尔河谷城堡为代表）也没有被重视，法国伟大的年鉴学派虽然重点研究近代早期，也就是文艺复兴这个时期，但是代表人物布罗代尔的主要研究对象还是西班牙、意大利，法国史书写被他安排到了人生最后阶段，很可惜没有完成。布罗代尔之后，中世纪盛期史（10—15世纪）受到更多关注，如勒高夫的《圣路易》，勒华拉杜里的《蒙塔尤》，乔治·杜比的《大教堂时代》等一系列作品，都让人们对那个充满神迹的时代产生更多兴趣。20世纪法国史也有不少研究，但这段历史可能由于过于贴近现实而无法成为显学。这样，就形成了以法国大革命为巅峰，以18世纪为主体的法国历史观及其时间序列。

不过，到20世纪末，尤其是进入21世纪以后，法国史的研究和写作经历了很大的变化。空间的视角越来越受到重视，从区域的、城市的角度进行研究和书写，成为法国史的一大特色。皮埃尔·诺拉的《记忆之场》，打破了以时间为线索的叙事，聚焦到一些重要的符号上，探索这些符号的源头，并且对其应用和误用进行研究，从而批判了一些历史神话，帮助人们更加理性、客观地看待法国的民族性，避免陷入民族主义陷阱中去；雅克·雷维尔和安德烈·布尔基耶尔的《法国史》从空间入手，讲述法国的历史，这其实很符合年鉴学派的传统；布罗代尔的《法兰西的特性》和勒华拉杜里的很多作品都是从区域入手，阐述法国的多样性。

空间的层级不断放大，就是全球史。帕特里克·布琼主编的《法兰西世界史》，再度突破了民族国家的叙事框架，从世界的、全球的角度回望法国，侧重法国与外部世界的交流和互动，从而使这样一部法国史体现出世界史的气象。这种从法国出发的全球史，也是进入21世纪以来许多国家历史书写的重要转向所在，这种叙事将民族国家的历史与世界史相互交融，不断整合，对历史神话的消弭使人更加理性，而注重法国与世界的互联互通，则符合全球化的整体发展趋势。

其实，法国还存在极右翼，对民族国家身份不断强调和坚持，使其历史叙事与全球史视角存在不小差异，而这可能并不利于作为外国人的我们更好地理解法国史。

因此，本书将从中国人的视角出发，为中国的读者讲述法国的历史，以便中国人能够更快捷地理解法国的历史进程，及其特性形成的历史根源。本书分为七章，从法国的起源与特点、发展与演进、机遇与挑战等方面展开，讲述法国的历史。由于本书整体篇幅有限，而且内容是聚焦于作者认为比较重要的几个特点展开的，可能会显得比较简略，但这也恰好体现了这套丛书的"极简史"性质。不求全面完整和细致入微，只是通过几个侧面，将法国的历史进程勾勒出来，让读者有一个整体的认知，再通过其他法国史著作了解更多细节，本书的初步目标就达成了。

第一章　拉丁和日耳曼的双重基因

在巴黎市区东南，有两个地铁站的名字值得注意，一个是四号线上的阿莱西亚（Alésia），一个是七号线上的托尔比亚克（Tolbiac）。从这两个地铁站出来，分别是阿莱西亚路和托尔比亚克路，两条道路还连在一起，横贯巴黎东南。巴黎的路名、地铁站名一向取自著名的人名、地名、战争名等，而这两个名字恰恰可以与法国最早的历史联系起来。

公元前52年，古罗马时代，正是在阿莱西亚战役中，法国人的祖先高卢人被罗马人打败，缴械投降，从此法国成为罗马帝国的一部分，归属于拉丁世界。而公元496年，西罗马帝国灭亡二十年后，在托尔比亚克之战中，法国人的另一个祖先，法兰克人征服了同为日耳曼人的阿勒曼尼人，并且因此而皈依了天主教，这也是法兰克人崛起的一次重要战役，为其走向法兰克王国、加洛林帝国奠定了最早的基础。

法国人没有忘记他们的祖先在这两场战役上的英勇表现，因此，通过地铁站名来让人们铭记。但是，这段历史又会让人迷惑，法国人的祖先究竟是高卢人还是罗马人，究竟是法兰克人还是日耳曼人？人们似乎很难进行严格的区分，因为这些早期历史给予它的基因都深入骨髓，一直伴随着它后来的发展，并且在不同的时期会有不同侧重。从法国的早期历史中，我们可以看到它之所以拥有这些基因，正是它与周边文明和文化交流的结果。

在2024年巴黎奥运会开幕式上，法国人展现了三座古代雕塑——狩猎女神戴安娜、萨莫色雷斯的胜利女神、米洛斯的维纳斯。后两尊雕像创作于公元前2世纪的希腊，狩猎女神戴安娜创作于公元1世纪的罗马。按理说，这些雕像不是法国的作品，那么，法国人对罗马帝国的认同究竟从何而来？他们与日耳曼人的关系又是怎样的呢？

高卢时代的拉丁化

法国又被称作高卢（Gaule），这是因为这片土地上最早的居民是高卢人。在高卢人强大的时候，罗马人还远远不能与之对抗。

恺撒对高卢人的认知是：性情浮躁、行事轻率、反复无常。其实，这与今日的法国人性格颇为类似，但他们作战时，却狂热顽强，拼死搏斗。

高卢人相较于罗马人落后很多，与日耳曼人一道，被罗马人称作蛮族。但是，他们的实力却不容小觑，因为高卢人很容易就会杀到罗马城，罗马人经常受到高卢人的侵袭，长达数世纪之久。

公元前390年，高卢人从意大利北部的波河流域出发，向南攻打罗马人。高卢人突破了罗马人的防御，长驱直入，将罗马人围困在卡皮托林山上。这场围城长达半年之久，最终由于高卢人勒索到了大量黄金，才鸣金收兵。这场围城战，给罗马人留下了很深的心理阴影。战争结束后，罗马人赶紧修建了城墙，号称"塞尔维乌斯城墙"，一直用到罗马帝国时期。罗马人对高卢人怀有深仇大恨，罗马被围和缴纳赔款，成为罗马人的奇耻大辱，也推动了罗马人对军队的改革。

罗马人忍辱负重，厉兵秣马，富国强兵，在整个意大利半岛不停进行扩张。虽然盘踞在意大利北部的高卢人势力仍是罗马人的心腹大患，但罗马人已能击退高卢人的侵犯。

公元前225年，罗马人再次击溃高卢联军，并将高卢人彻底赶出了意大利北部，把边界推到了阿尔卑斯山这个天然屏障。此后，原先由高卢人占据的阿尔卑斯山以南地区成为罗马人的势力范围，罗马人在这里建立了一个行省，名为山南高卢。

罗马人在这个新的行省建立了一批殖民城市，如皮亚琴察、克雷莫纳、博洛尼亚、帕尔马，这些今天意大利北部的核心城市，在当时却是新开辟的殖民地，罗马人以此逐渐巩固了在这一地区的统治。

此后，罗马人又将目光投向了阿尔卑斯山以北地区。

公元前154年，罗马人以马赛（Marseille）求助为借口，向今法国南部扩张，并且建造了今天的艾克斯-普罗旺斯（Aix-en-Provence）这座城市。紧接着，罗马人就与生活在这里的高卢人发生了冲突。罗马人以优势的兵力、严格的纪律和有序的阵型，屡屡击败高卢人，最终夺得这块土地，建立起一个新的行省——山北高卢，还在这里建立了尼姆、图卢兹等殖民城市。

至此，罗马人控制了阿尔卑斯山南北两侧的广阔区域，高卢人被排挤到夏北边的地方。

到公元前2世纪中叶，罗马人已经从过去被高卢人欺压凌辱的境况中挣脱出来，对高卢人的优势越来越大。在建立阿尔卑斯山南北两个新行省之后，罗马人就时刻准备着将触角伸向更北边的高卢人腹地。

在这个过程中，恺撒起到了关键作用。

公元前1世纪60年代，恺撒出任山南高卢总督。罗马人对高卢的征服是有策略的，他们着意拉拢一些高卢人的部落，建立起亲罗马人的势力，然后合纵连横、各个击破。恺撒更是通过拉拢利诱的方式，开启了他征服高卢的序幕。恺撒将高卢视为三个部分：比利时高卢、凯尔特高卢、阿基坦高卢。他将一一攻破。

公元前58年，赫尔维提等高卢人部落从东向西迁徙。恺撒趁机率军围追堵截赫尔维提人及其盟友，迫使他们回到原先在瑞士的居住地。接着，为了防止日耳曼人南下，恺撒沿着莱茵河北上，向高卢北部进发，通过包抄阻止了企图乘虚而入的日耳曼人。然后，恺撒又回过头来，开始在高卢境内展开纵横捭阖的军事行动。征服高卢的战事就这样点燃了。

高卢三个部分中最难对付的是北边的比利时高卢，这里与日耳曼人毗邻，民风彪悍，极难驯服，他们也会与日耳曼人联手对付罗马。罗马人在该地区的盟友雷米人受到其他部落攻击，这为罗马人提供了开启战端的借口。恺撒增加了驻扎在这里的兵力，但仍不时被高卢人侵袭。不过，他凭借非凡的勇气和丰富的经验，激发了罗马军队顽强的斗志，经过苦战，彻底打垮了这里的高卢人，并且将大量战俘卖做奴隶，强化了罗马人在这个地区的统治。

接着，恺撒兵锋转向西边的阿基坦高卢。阿基坦的高卢人生活在大西洋沿岸。恺撒先打败了这里擅长海战的维内提人，再渡海前往不列颠，他因而成为首个踏上这片神秘土地进行征服的罗马人。虽然恺撒只是征服了不列颠的沿海地区，但这个消息仍在罗马国内引起了巨大的轰动，让他一夜成名。

到公元前54年，征服高卢最艰难的时刻来了。高卢最重要的部分，即凯尔特高卢成为罗马人最后的目标。

罗马人在高卢的横征暴敛引起较多抗议，这年冬天也出现了歉收，高卢叛乱四起，好不容易才被镇压下去。但是，第二年冬天，高卢众多部落更加紧密地联合起来，爆发了一次大规模的起义。法国中部的奥弗涅部落的领袖维辛格托列克斯（Vercingetorix，？—前46年），领导高卢人掀起了这场大起义。此时罗马人在高卢的补给仍然有严重困难，维辛格托列克斯决定借助这个机会，拖垮罗马人。双方的战斗首先在卢瓦尔河中游的阿瓦利肯爆发，恺撒抢先一步，通过围攻成功地攻陷了这座城市，屠杀了数万高卢人。第二战是在卢瓦尔河上游的日尔格维亚，但是这一仗，罗马人由于鲁莽而失利，伤亡惨重。双方各一胜一负。

最后一场决定性的战役在阿莱西亚爆发。公元前52年，罗马人决定继续采取围困方式破城，而维辛格托列克斯则声东击西，他只是利用该城拖住罗马人，同时从其他地方调兵，从而里应外合，夹击罗马人。这场战争是对双方耐心和兵力的最大考验。前后都有敌人，恺撒只能按照罗马人最擅长的方式，修筑围城工事，在沟渠中插满尖木桩。城里的人粮草有限，只好向外突围，但是被恺撒的工事牢牢挡住，而援军抵达后，还是攻不破

维辛格托列克斯向恺撒投降，里昂内尔·罗耶尔绘制于1899年，藏于勒皮昂韦莱博物馆

阿莱西亚战役的爆发地——法国小镇阿利斯圣兰的维辛格托列克斯雕像

恺撒的工事，溃败逃散。最终，城里的高卢人不得不投降。据称，维辛格托列克斯亲自走出来，将武器扔在恺撒的脚下，甘愿被俘。他作为战利品由恺撒押回罗马，后被处死。

阿莱西亚一役，使高卢人元气大伤，恺撒则将这一仗视作其任期的高光时刻，同时也是罗马人征服高卢的巅峰。从此，高卢人再也没有力量对抗罗马人。

恺撒征服高卢之后，罗马人开始在这块新征服的土地上设立行省，将罗马文化强行传播到这里，使高卢人接受罗马文化，从此成为拉丁化国家。

公元前27年，奥古斯都对高卢的行政区划作出明确规定，高卢从此进入罗马化时期。高卢南部的山北高卢并入罗马的时间最早，罗马化程度也最深，对罗马人来说，这里已与自己的家乡无异，算得上罗马帝国的腹地。高卢北部的比利时高卢、西南部的阿基坦高卢、中部的里昂高卢，这三个行省被征服的时间较晚，在罗马人看来是未开化之地，也是施行罗马化的重要对象。

其中，里昂高卢行省的首府里昂（当时称作卢格杜努姆）也是高卢北部三省的中心。公元前43年，罗马将这里设为高卢地区的首府，高卢三省的代表每年到这里开会，讨论高卢事务，并参与罗马皇帝每年在此举行的宗教仪式。里昂成为罗马与高卢的纽带，也是罗马控制高卢和利用高卢人管理高卢的中心。不过，高卢人的部落组织也没有完全消失，各个部落配合罗马人的管理，得到罗马的承认。部落中的贵族在当地仍是统治阶层，也被罗马人吸纳，成为管理城市的官员，被授予罗马公民权，成为罗马在高卢推行罗马化的得力助手。

罗马人按照自己城市的模式，在高卢建造了许多大理石城市，并且通过这些城市管理高卢。罗马的许多老兵退役后，便移民到这些城市，一方面，解决人口问题，另一方面，可以巩固自己对高卢的控制。高卢的这些新城市也成为罗马人向高卢人展示自身文明的橱窗，以此在高卢推广罗马的城市文明。法国的许多城市都是这时期奠基的：欧坦、兰斯、巴黎（此时名为卢特希亚），等等。这些城市也模仿罗马设立各级行政机构，建有广场、神庙、作为市政厅和法院的巴西利卡、高架水渠等，浴室、剧场等罗马人喜爱的娱乐休闲中心也都被引进高卢。罗马人还将罗马大道铺设到高卢，以加强高卢与罗马的联系。

拉丁语这时也进入高卢。以前高卢人说凯尔特语，被罗马征服后使用拉丁语。高卢很多城市都有罗马人开设的教授拉丁语的学校，高卢贵族也通过学习拉丁语抬高自己的身份和地位，拉丁语逐渐成为高卢上流社会的交际语言，也成为高卢的官方语言。凯尔特语还有一些残留，用于下层民众的交流，也保留在与农业等相关的一些术语中。高卢人使用的拉丁语也掺入了许多凯尔特语词

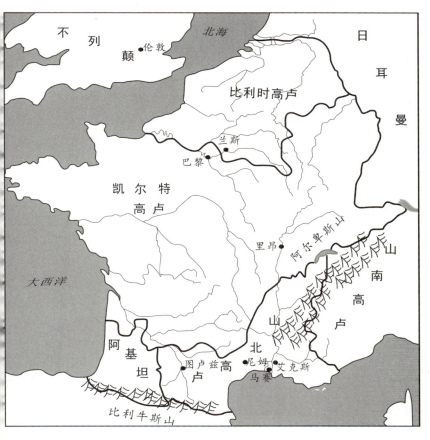

高卢时代的法国

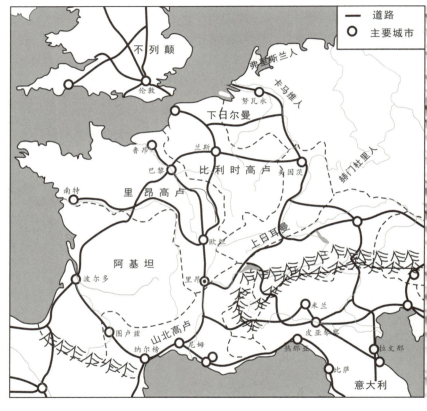

图例：
— 道路
○ 主要城市

不列颠

伦敦

弗里斯兰人

卡马维人

努瓦永

下日尔曼

鲁昂

兰斯

巴黎

比利时高卢

特里尔

赫门杜里人

南特

里昂高卢

阿基坦

欧坦

上日耳曼

波尔多

里昂

米兰

皮亚琴察

图卢兹

山北高卢

纳尔榜

尼姆

热那亚

拉文那

比萨

意大利

罗马时代的高卢

18

语，两种语言不断交融渗透，形成了通俗拉丁语，在长达5个世纪的罗马化进程中，逐渐发展成为今天的法语。

渐渐地，在莱茵河右岸的日耳曼人看来，他们的邻居高卢人俨然已是罗马人。

日耳曼人占领高卢

恺撒征服高卢的时候，曾经同莱茵河右岸的日耳曼人打过交道，但罗马人始终没能征服日耳曼人。双方以莱茵河为界，达成了一种暂时的平衡。

罗马人将莱茵河边界以东的日耳曼人称作"蛮族"，日耳曼人则羡慕高卢地区的文明和开化，于是从公元2世纪起就零星移民到高卢，如涓涓细流，逐渐在高卢的土地上聚集。2世纪末出现的大饥荒，进一步推动了日耳曼人的移民浪潮，与日耳曼地区隔莱茵河相望的阿尔萨斯成为日耳曼人进入高卢的"走廊"。

3世纪中叶，驻守莱茵河边界的罗马军团被调走，莱茵河防线空虚，莱茵河下游的法兰克人和中游的阿勒曼尼人趁机而入。法兰克人一直打到巴黎，使当地驻军不得不退守西岱岛。高卢北部沿海地区也受到法兰克人和其他日耳曼人从海上展开的袭击。此后半个世纪，高卢北部的战争和动乱持续不断，法兰克人和阿勒曼尼人经常攻打和洗劫高卢城市，造成严重破坏。

戴克里先担任罗马皇帝时，曾对积弊甚多的体制做过改革，他将帝国分成东、西两个部分，采取四帝共治制，并且将莱茵河中游西边的特里尔建成帝国西半部的统治中心，以期解决莱茵河地区防御不力的问题。戴克里先还在边境进行了军事改革，并且以税收、财政等一系列改革作为配套。这些努力一定程度上遏制了日耳曼人的入侵势头，维持了罗马帝国在高卢的统治。

然而，从4世纪末开始，迫于来自东方的匈人迁移的压力，大规模日耳曼民族迁徙终于开启了。高卢东北部的边境问题越来越严重，不同的部落都争先恐后越过莱茵河，涌进高卢。

西哥特人从东欧借道意大利进入高卢南部，到图卢兹建立起国家，并在419年迫使罗马帝国予以承认，成为高卢境内建立的第一个日耳曼人王国。

汪达尔人和阿兰人穿过高卢，径直奔向西班牙，最后定居到北非地区。

勃艮第人到达高卢东部，于457年在里昂建立勃艮第王国。

阿勒曼尼人在高卢东北部的阿尔萨斯地区定居下来。

法兰克人进入高卢的时间稍晚，但以罗马同盟者的身份被允许定居在高卢东北部的莱茵河下游一带，即今法国与比利时交界处，条件是为帝国戍守边境。

当罗马帝国自顾不暇时，法兰克人伺机不断扩张地盘。西罗马帝国灭亡十年后的486年，法兰克人的军事首领克洛维（Clovis, 466—511）带领族人举起反叛大旗，将目标对准了地处其南的苏瓦松王国，这里的统治者仍效忠罗马帝国。苏瓦松战役中，法兰克人大胜，吞并了苏瓦松王国，地盘向南大大扩张，首次占有巴黎，据守卢瓦尔河以北地区。

苏瓦松金杯的故事，阿尔方斯·德·内维尔绘制

据说，克洛维看中了一个花瓶战利品，但是，遭到了抢到这个花瓶的士兵的拒绝，士兵还将这个花瓶砸得粉碎，以示对克洛维的不满。克洛维不动声色，但是在一年后，他借故将这个士兵砍了头。这表明，战功卓著的克洛维已经在部落中拥有了至高的权威。

克洛维决定趁此良机称王建国。他继承依然运行的罗马帝国政府机构，建立了法兰克王国，定都巴黎，并以其祖父之名将朝代命名为墨洛温王朝。

绘画中的克洛维、王后和王子们，阿尔玛–塔德玛绘制

在此后的二十年间，克洛维东西挥戈：向东，对今德国西南部大举征服，战胜了阿勒曼尼人；向南，跨过卢瓦尔河，在高卢东南部夺得第戎，与已皈依基督教的勃艮第王国公主克洛蒂尔德结婚；在西南，将盘踞在图卢兹的西哥特人赶往西班牙，占领大部分阿基坦。克洛维的征服也有一定限度，并未超出今天法国的范围，也没有彻底征服阿勒曼尼人和勃艮第人，但他的赫赫武功却为自己赢得了拥护和爱戴。从此，法兰克王国不仅统一了过去分散的法兰克人各部落，使整个王国都处在国王的统治之下，还往新兼并的地区派遣伯爵和主教，让他们秉承国王的意志进行管理。而王国的中心则设在巴黎，这是巴黎在历史上首次成为首都。

克洛维还进一步将他所取得的成就以法律形式固定下来，这就是6世纪初编撰的《萨利克法典》。这部法典用拉丁文撰写，将过去流行于法兰克人各部落的种种习惯法汇总起来，是第一部成文的法兰克法典，对规范王国的各项法律制度有重要作用。除了强调各种刑罚外，传说这部法典首次做了王位传男不传女的规定，对此后产生了极大影响。

克洛维还做了一件重要的事情，那就是皈依了天主教。据说，他是在妻子的劝说下，放弃了原先信仰的阿里乌斯派，改信正统的天主教。这一做法使他获得天主教会的支持，拥有了任命主教的特权，许多信仰正统的天主教的罗马贵族也站到了他这一边。但是，改宗也破坏了克洛维与法兰克贵族的关系，许多法兰克人不愿意接受正统的天主教，而是固守传统的阿里乌斯信仰，这

壁画《托尔比亚克之战》，保罗-约瑟夫·布兰科绘制于 1881 年

油画《托尔比亚克之战》，埃里·舍费尔绘制，藏于凡尔赛宫

有削弱克洛维权威之虞。不过，从长远来看，皈依天主教是法兰克人称霸的重要一步。克洛维于500年前后接受天主教洗礼，接着就通过507年的武耶之战打败了还未皈依天主教的西哥特王国。克洛维的皈依也为他赢得了教会支持。511年，克洛维在奥尔良召开主教会议，各地主教都来参加，与法兰克国王建立盟友关系，这一政教同盟是克洛维成功的重要武器。克洛维作为基督教会的保护者，也大大促进了法国的基督教化。

511年是克洛维生命的最后一年。他决定死后葬在巴黎。虽然他的子孙们将分割王国，但是巴黎作为法兰克人的重要首都，从此奠定了基础。

克洛维最重要的一次战役是托尔比亚克之战。

克洛维建立法兰克王国后，不可避免要以扩张战争来证明自己统治的合法性。位于法兰克王国东面的阿勒曼尼王国首当其冲，成为法兰克人打击的对象。之所以选取这里作为进攻目标，有两个原因。

其一，法兰克人有两个分支，一支是萨利安人，首领为克洛维，以巴黎北部为活动中心；另一支是利普里安人，大本营位于莱茵河中游的科隆，首领为西吉贝尔特。两支法兰克人结为同盟。利普里安人与南边的阿勒曼尼人为邻，双方经常有边界纠纷和冲突，496年，阿勒曼尼人大举进攻利普里安人，西吉贝尔特向克洛维求援，于是克洛维带兵前去解围。

其二，阿勒曼尼人不断向莱茵河以西扩张，这早已引起克洛维的警惕，他正想利用这次机会打击对手，一劳永逸地解决问题。而且，阿勒曼尼王国所在的今阿尔萨斯、巴登-符腾堡南部和瑞士一带非常富庶。

于是，496年，在莱茵河中游的托尔比亚克（今德国北莱茵威斯特法伦州东部的曲尔皮希，距离科隆不远），双方发生了激战。关于这场战争，图尔的主教格里高利在其《法兰克人史》中有详细的记载。克洛维的军队在人数上明显少于阿勒曼尼人，虽然法兰克人向来以勇猛著称，但阿勒曼尼人也毫不示弱，与法兰克人短兵相接，以兵力上的优势使法兰克人处于下风。克洛维亲眼看到自己的士兵被敌人屠杀，战局极其残酷血腥，他心中极度不安，认为自己将要输掉这场战争。

就在队伍节节后退，即将全军覆没之时，克洛维不禁想起妻子克洛蒂尔德信仰的神灵来。克洛蒂尔德信奉天主教，并在婚后反复劝说信奉阿里乌斯派的丈夫改宗天主教。克洛维一直没有同意，但在这兵临绝境之时，他觉得不妨尝试一下。

克洛维于是向天空高声祈祷："耶稣基督！克洛蒂尔德称您是永生的上帝之子，您总是能给困境中的人以帮助，并能赐予胜利。我诚挚地向您祈求，助我战胜敌人！如果您的力量被证实的话，我会信奉您，并以您之名受洗。我所信奉的神已经抛弃了我，我真心祈求您的力量！"突然间，奇迹出现了。阿勒曼尼人开始向后撤退逃跑，最终向法兰克人投降称臣。这是一场很奇怪的战争，但是战争的经过只有教会的记载，我们也无法证实。只能猜测，或许是后见之明，使图尔主教格里高利编了一个很奇妙的故事，从而可以感召更多人皈依天主教。

战争结束后，克洛维迅速皈依了天主教，由兰斯大主教为他施行洗礼。随其受洗的还有军中三千多人，他的部下集体皈依了天主教。就这样，法兰克人成为日耳

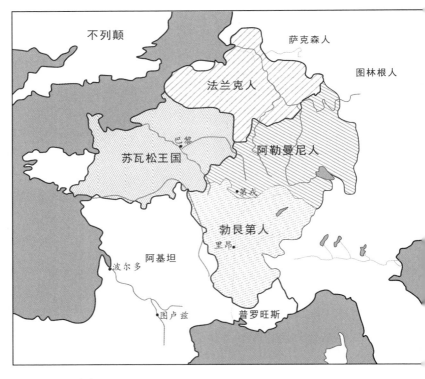

不列颠

萨克森人

图林根人

法兰克人

阿勒曼尼人

苏瓦松王国

巴黎

第戎

勃艮第人

里昂

阿基坦

波尔多

图卢兹

普罗旺斯

公元481年的高卢

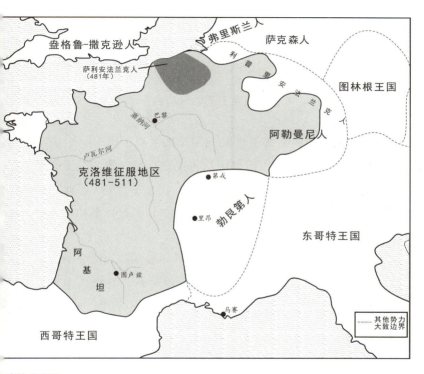

盎格鲁-撒克逊人

弗里斯兰人

萨克森人

图林根王国

萨利安法兰克人
（481年）

利
普
里
安
法
兰
克
人

阿勒曼尼人

塞纳河

●巴黎

卢瓦尔河

克洛维征服地区
（481-511）

●第戎

里昂●

勃艮第人

东哥特王国

阿
基
坦

●图卢兹

●马赛

其他势力
大致边界

西哥特王国

洛维的征服

曼人当中最先改信天主教的群体。

托尔比亚克战役之后，法兰克人兼并了阿勒曼尼人，虽然此后阿勒曼尼人仍叛服无常，但这场战役对法国人而言是极其重要的，甚至被看成法国皈依天主教的关键一战。

墨洛温王朝的分与合

克洛维建立的墨洛温王朝是法兰克王国第一个王朝，从5世纪至8世纪享国祚将近三百年。墨洛温王朝的一个显著特点就是家族内讧多、国家易分裂，因此在这一时期形成了多元化的权力结构，以及法国最初的地理和政治形态。

克洛维建立法兰克王国，并在不断的扩张战争中兼并了大量土地，之后，他利用土地分封，笼络大小贵族，形成封建采邑。沿用此法，克洛维还将国土当成家庭私产分成几份，分别赐给几个儿子。这成为导致王国分裂的祸根。

511年，克洛维去世，他的四个儿子分割了法兰克王国的领土，分别成立梅斯王国、巴黎王国、奥尔良王国、苏瓦松王国。幼子克洛塔尔（Clotaire, 约500—561）获得苏瓦松王国，主要领地在法国最北端，包括亚眠、阿拉斯、图尔奈等城镇，还有一块领地在西南部的阿基坦地区。

克洛塔尔是兄弟当中最小的，也是最有野心、最阴险的，他一直觊觎其他兄弟的领地。524年，当兄长战死勃艮第沙场后，他趁火打劫，霸占嫂子，杀害侄子，伙同其他兄弟瓜分了奥尔良王国，获得图尔、普瓦提埃等重要地区。

555年，克洛塔尔的长兄之孙早逝，无嗣，留下了空位的梅斯王国。这里是法兰克王国向东扩张的桥头堡，领土辽阔，具有重要的军事价值。克洛塔尔闻讯立即赶到梅斯，娶侄孙的遗孀，将这个庞大的王国据为己有，并且继承了梅斯王国在南部的领地奥弗涅。

三年后，统治巴黎王国的次兄去世，克洛塔尔又急忙兼并了巴黎王国。

这样一来，在父亲克洛维分割国土之后，克洛塔尔再度统一了法兰克王国，将分散的国土整合起来，成为唯一的国王。

在对外方面，克洛塔尔仍然沿袭其父的政策，不断征服。经过艰苦卓绝的数次征战，克洛塔尔于534年与兄弟联手灭亡了勃艮第王国，实现了父亲的夙愿。位于法国东南部罗讷河谷的这一大片土地首次并入法兰克王国，包括里昂、第戎、贝桑松等重要城市，成为今日法国的重要组成部分。

至此，古代高卢的地域大部分被法兰克人征服。

但克洛塔尔并没有满足，他对南边的东哥特人、西哥特人也是不断征伐。537年，克洛塔尔利用拜占庭帝国与东哥特王国的矛盾，从后者手中获得普罗旺斯地区，从而拥有了地中海的出海口。在东边，克洛塔尔与图林根人、萨克森人不断交兵，通过和战交替的手腕降服了这些桀骜不驯的部落，强迫他们进贡。但是，对于屡屡造反的阿勒曼尼人，克洛塔尔并没有取得更多实质性的进展。

终其一生，克洛塔尔都在不断弥补他父亲克洛维一念之差犯下的错误，即分割了国土。克洛塔尔努力统一法兰克王国，并不断扩张法兰克领土。但是，当他去世以后，他辛苦经营的国土却再次陷入分裂，而他开创的同根相煎的残忍手段，却影响了子孙后代。

561年，统一了整个法兰克王国的克洛塔尔撒手而去，王国再度分裂。

根据传统，国土还是在四个儿子当中分割，依然是苏瓦松王国、梅斯王国、巴黎王国、奥尔良王国。

曾经在墨洛温宫廷屡屡上演的骨肉残杀、兄弟阋墙的闹剧再次发生，这几乎成为这个家族的遗传基因，在每一代统治者身上都会体现出对权力的渴望，以及为达到权力之巅而不惜使用任何惨绝人寰的手段。而且，在这场斗争中，又加入了有野心的女性，以妒忌和残忍为王室之争推波助澜，上演了一幕幕宫斗剧。

19世纪画家劳伦斯·阿尔玛-塔德玛笔下的弗莱德贡德

苏瓦松国王的情人弗莱德贡德用计先后残杀多位王室成员，梅斯王国王后布伦希尔德也非等闲之辈，作为其子的摄政进行统治。这两名女性都不得善终，后世也褒贬不一。

第二轮竞争，最终仍是苏瓦松国王获胜，经过50多年的争斗，弗莱德贡德的儿子克洛塔尔二世（Clotaire Ⅱ，584—629）成为赢家，再度统一了法兰克王国。他进而做出了一项改革，重新整合了国土，将王国一分为三：奥斯特拉西亚、纽斯特利亚、勃艮第。从此，四国之争变成了三国对立。这一决定对法国后来的地理和政治走向产生了很大的影响。

15世纪末的插图，布伦希尔德被车裂

　　奥斯特拉西亚位于法国东北部，主要在马斯河和摩塞尔河流域，东至莱茵河中下游区域，首府先是兰斯，后改为梅斯，奥斯特拉西亚的称呼早在克洛维死后就已出现，它的前身为梅斯王国。

　　纽斯特利亚这个名称出现较晚，包括法国中部卢瓦尔河和今比利时之间的区域，西至布列塔尼和大西洋，东至香槟地区，首府为苏瓦松，它同时也包含阿基坦地区。

勃艮第原先是罗马时代高卢的中心，也是最后被并入法兰克王国的，这个区域由于其漫长的历史渊源而依然自成一体，与其他地区略微不同。

克洛塔尔二世的儿子达戈贝尔一世从父王手中接过权杖，于629年成为法兰克国王。但他也是最后一个有能力实现大一统的国王，在他之后，墨洛温王朝就一蹶不振，走上了衰落之路。

随后的一百多年里，法兰克三国分立的局面几成定型，相互独立。在每个王国内部，国王也大都不问政事，任由"宫相"掌握大权，因此也被称作"懒王时期"。"宫相"相当于中国历史上的宰相，原为王室财务总管，在国王衰落的情况下不断攫取权力，获得军政大权，成为真正的统治者，而王室则一再变得孱弱，国王逐渐成为宫相手中的傀儡。

墨洛温王朝的最后一代国王是希尔德里克三世，在他继位之前的七年里，由于宫相擅权，竟没有立一个国王。直到743年，才由宫相丕平将他立为国王，但这名国王也没有实权。丕平家族称王的野心日益彰显，最终丕平三世将希尔德里克赶下王位，并且获得教皇的支持，将这名末代国王送到修道院隐居，从而名正言顺地为墨洛温王朝近三百年的历史画上了句号。

加洛林王朝的兴起

墨洛温王朝终结后，法兰克王国迎来了新的时代，这就是由丕平家族开创的加洛林王朝。

加洛林王朝先祖最初是墨洛温王朝的宫相，可上溯至丕平一世，他出生于今比利时中部的兰登，是达戈贝尔一世统治时期奥斯特拉西亚的宫相。丕平将女儿嫁与梅斯主教阿努尔夫的儿子，得以跻身当地贵族家族，并通过与纽斯特利亚国王的联盟，获得新任奥斯特拉西亚国王的恩宠，于623年成为宫相。在整个政治生涯中，丕平极为成功，为其家族后世的成功奠定了深厚的基础。有意思的是，加洛林王朝竟是丕平的外孙一系，但将丕平视作先祖，称其为老丕平，又称丕平一世。

丕平一世的外孙丕平二世亦为宫相，其权力日益增大。虽然丕平二世没什么名气，但他有一个伟大的私生子，这就是查理·马特（Charles Martel, 676—741）。

查理继任宫相，以赫赫战功为其家族的连续统治注入了合法性。当时正值阿拉伯帝国倭马亚王朝大征服的时代，穆斯林大军从阿拉伯半岛出发，横扫北非，穿过整个伊比利亚半岛，越过比利牛斯山，进入法国境内，直捣巴黎。在这千钧一发之际，查理于732年在卢瓦尔河附近的图尔对穆斯林军队进行堵截战，他率领法兰克

732 年查理·马特在普瓦提埃大败穆斯林军队，查尔斯·德·斯图本于 1837 年绘制

军队突袭穆斯林军队，经过浴血奋战，挡住了敌人。这一役，阻止了穆斯林军队的北征，在整个西欧都树立了法兰克王国的赫赫威名，而查理也由此获得"马特"（意为铁锤）的称号。

当后世欧洲基督教徒遇到伊斯兰帝国的扩张时，就会抬高查理·马特的地位，把他看作拯救了基督教世界的英雄，但事实上，他打败的穆斯林军队从伊比利亚半岛北上时，也已经是强弩之末了。

查理·马特掌权期间，还不断向东用兵，战胜萨克森人、阿勒曼尼人、巴伐利亚人，力量日益壮大。他逐渐成为法兰克王国的最高主宰者，地位日益稳固，而孱弱的国王却一代不如一代。但是，查理·马特仍然谦恭克己地担任宫相，并未易代称王，改朝换代的任务还要由他的儿子矮子丕平（Pépin Le Bref, 714—768）去完成。

矮子丕平在父亲去世后，遵父命与兄弟卡洛曼共同掌权，到747年卡洛曼退隐修道院，他成为唯一的宫相。这时，矮子丕平已经坐到一人之下、万人之上的位子上了，但他仍然不满足，那个坐在国王位子上的墨洛温朝国王，令他怎么都看不顺眼。

时机来得正是时候。教皇受到伦巴第人的威胁，向矮子丕平求援，矮子丕平趁机询问教皇：如果国王尸位素餐，宫相该怎么办？教皇此时自顾不暇，迫切需要一个强大的国王，支持自己渡过难关，虽然墨洛温王朝是正统，但对教会没有现实好处。于是，教皇表示，谁为法兰克夙兴夜寐，谁就有资格做它的主人。双方一拍即合，矮子丕平立即把墨洛温王朝的国王送进修道院，终结了墨洛温王朝，接着在苏瓦松召开会议，宣布加洛林王朝开始。就这样，矮子丕平完成了老丕平以来数代人筚路蓝缕辛苦经营的事业。

矮子丕平还与教皇进一步结成同盟。751年，教皇派大主教到巴黎为矮子丕平加冕，准许他成为新王朝的国王。其实，这时候的教皇还是为了解决燃眉之急：

意大利北部的伦巴德王国扩张，再次威胁到教皇。得到教皇支持后，矮子丕平于754年和756年两度率大军进入意大利，强迫伦巴德国王将拉文纳以及周围的大片领土交还给罗马教皇。这一来，就形成了教皇国的雏形。这个事件被称作"丕平献土"。通过这一教俗互惠的举动，法兰克王国与教皇缔结了源远流长的同盟关系。

《丕平加冕》，弗朗索瓦·杜波伊斯绘制

推荐书目：帕特里克·格里的
《民族的神话：欧洲的中世纪起源》

美国学者帕特里克·格里的著作《民族的神话：欧洲的中世纪起源》（吕昭、杨光译，广西师范大学出版社2022年版）揭示了罗马帝国晚期到中世纪早期欧洲族群的演化历程，在批判民族主义史学的同时，也展现了欧洲中世纪早期国家发展的复杂性和多变性。在此基础

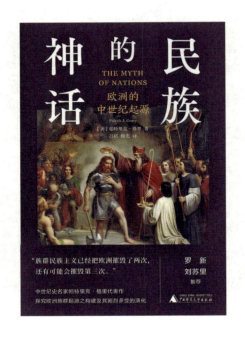

上，我们可以更加公正客观地看待法国的早期历史。作者还有一部《墨洛温王朝：创新与变革》(郭建龙译，社会科学文献出版社2022年版)，也有助于我们理解法兰西初生时的情况。

帕特里克·格里为著名中世纪史学家，任职于普林斯顿高等研究院，是用新视角探讨中世纪早期历史的学者之一。

此外，对这段历史感兴趣的读者还可以参考一些新近译成中文的"王家年代记"，即当时的官修史书：陈文海译注的《弗莱德加编年史》(人民出版社2017年版)、《法兰克人史纪》(人民出版社2018年版)、《法兰克王家年代记》(人民出版社2019年版)及李云飞译注的《圣伯丁年代记》(人民出版社2021年版)，以便了解错综复杂的中世纪早期时代。

名胜古迹：巴黎国立中世纪博物馆
（又称克吕尼博物馆）

　　这座位于巴黎左岸拉丁区中心的博物馆，在古罗马时代是一座温泉浴场，在中世纪则属于建于15世纪的克吕尼修道院，到19世纪中叶，这处地方被修复后作为博物馆向公众开放。它正对着南北向的主干道圣米歇尔大道，旁边就是索邦大学，人们从这里走过，很可能会忽视这个默默存在的低调博物馆。

　　该博物馆主体部分在地下，藏有不少中世纪挂毯，尤其是带有"少女与独角兽"图案的著名挂毯，堪称精

国立中世纪博物馆

"少女和独角兽"

品。此外还有各种雕塑、绘画、手工艺品等，展现了丰
富多彩的中世纪历史。

　　从博物馆出来后，沿着东西向的主干道圣日耳曼
大道向西走，步行700米就到达了圣日耳曼德佩修道院
（Abbaye de Saint-Germain-des-Prés）。该修道院的教堂建
于6世纪中叶，是巴黎最古老的教堂，也是基督教传至
巴黎的象征。

　　这座教堂有一个非常棒的花园，可供休憩。旁边就
是花神咖啡馆和双偶咖啡馆。

第二章 天主教的"长女"

在巴黎奥运会开幕式上，一个形似《最后的晚餐》的节目引起了轩然大波，有些人认为，这个节目严重冒犯了天主教。

长期以来，天主教在法国传播的广度和深度都首屈一指。法国与教会的关系源远流长，甚至被称作"教会的长女"。在16世纪的宗教战争中，新教势力也不敌天主教阵营。然而，从19世纪后期起，法国经历了轰轰烈烈的反教权运动，主张政教分离、限制教会权力、信仰自由，对天主教进行了严厉的"祛魅"。然而，这也引起了保守派的反对，当时支持教权的保皇派与反对教权的共和派发生激烈的斗争。双方围绕着教育等领域交锋，但是在法兰西第三共和国，经历了两次教育的世俗化改革，即19世纪80年代茹尔·费里的教育世俗化改革以及德雷福斯事件后瓦尔德克-卢梭和孔勃于20世纪初推动的教育世俗化改革，基本上实现了教育领域的世俗化。1905年，法国通过了《政教分离法》，规定法兰西共和国保证信仰自由，但国家对任何宗教仪式都不给予资助，从而彻底实现了法国的世俗化，这一原则还被写进了共和国的宪法。

但是，宗教世俗化在法国还是存在不少问题，如何处理世俗化和信仰自由这两个原则之间的关系，依然是

克洛维在兰斯大教堂受洗，16世纪绘画

法国人要面对的难题。法国对天主教以外的其他宗教也存在一定的世俗化态度。犹太教在法国饱受打击，引起过不少问题，德雷福斯事件就是其中之一。2015年爆发的《查理周刊》事件，是法国一家期刊发表讽刺宗教人物的漫画引发的惨案。这些都表明法国人不折不扣的世俗化态度，但法国人的这种态度也引发了很多争议。

20世纪下半叶，法国的极右翼仍然将天主教视作法国的天然特性，由让·玛丽·勒庞建立于20世纪70年代的国民阵线就反对堕胎，主张收紧移民政策，加强法国

插画中的王后克洛蒂尔德，编年史插画

传统文化教育，坚持所谓的天主教传统。国民阵线还推崇带领法兰克人皈依了天主教的克洛维，甚至将其称作"法国的基督教之父"。法国的极右翼将天主教视作自己国家和人民身份的重要标志。

那么，让我们来看看法国与基督教在历史上是如何建立盟友关系的。

法国进入基督教世界

基督教的传播最初主要是在罗马帝国的本土意大利，在阿尔卑斯山以北的发展较为滞后，欧洲北部的日耳曼人最初信仰多神教，以及被定为基督教异端的阿里乌斯派。法国的基督教化是一个漫长的过程，4世纪起，传播福音的教士历尽千辛万苦，才逐渐在法国各地建立起教区。

在这批传播福音的教士当中，很多成了圣人。其中，图尔的圣马丁是一个主要人物。

马丁出身于罗马帝国东部潘诺尼亚行省的军事贵族家庭，自幼皈依基督教，长大后迫于父命进入军队，戍守高卢。马丁同情心极强，据传在亚眠时，他遇到衣衫褴褛的乞丐，就将自己的战袍割下一部分相赠。由于厌恶战争，马丁离开了军队，于356年到达普瓦提埃，在此积极传教，并且成为图尔这个城市的主教。马丁对法国的基督教化影响很大，他创建了法国最早的一批修道院。从5世纪起，图尔也因马丁而成为高卢最早的朝圣地。马丁被克洛维选作墨洛温王朝的保护神，他与此后的加洛林王朝乃至卡佩王朝也都有渊源相系。

正是这样一批批前仆后继的传教者，促成了法国的基督教化。随着最初的一批传教者建立教区，法国教会系统也逐渐完善起来，仿效罗马帝国的行政模式而发展起教会的等级阶梯，以各个城市为中心成立了教区，由主教进行管理。主教往往由罗马贵族或当地贵族担任，他们文化程度较高，且在当地人脉很广，有利于教会活动的展开。

最初，一个城市的教区中有一座教堂，由主教居住并负责信徒的洗礼、婚礼、葬礼、弥撒等宗教活动，这种教堂又被称作主教座堂。后来，随着教区的扩大，城市里逐渐建起了更多教堂，以每座教堂为中心又可分为若干个堂区，由主教任命的神父负责。乡村里也设有堂区神父，他们为信徒提供祷告、告解等服务，并都听命于主教。

为便于教廷的管理，几个教区合在一起，便形成了教省。有时，教会以一个地位重要的教区作为总教区，它所在的城市作为整个教省的首府，在每个总教区中设有一个都主教，负责总管各个教区。

如此划分，也是受到了罗马帝国行省制度的影响，都主教及教省首府所在地往往是帝国行省的首府，也是该地区的中心。到公元6世纪时，以各个城市为中心的教区都已纷纷建立起来，其中一些特别重要的城市升格为教省首府，如兰斯、鲁昂、桑斯、布尔日、图尔、贝桑松、里昂、维埃纳、波尔多、欧什、阿尔勒，等等。这些教区不断向周围地区辐射，形成紧密的网状系统，这种遍地开花的局面表明，基督教会的发展已经达到非常成熟的程度，法兰克王国的教会成为教皇和教廷的重要盟友，而主教在法兰克王国的内部也将起到越来越重要的作用。

到公元1000年前后，基督教在法国的作用变得更重要了。

跨越千禧年，是大量惶恐不安的人们所期待和恐惧的。尤其是邻近第一个千年末期的时候，传言上帝的最终审判将会出现，世间的一切丑恶都将抹去，但人们究竟是上天堂，还是下地狱，却是自己无法把握的。面对着极度的不确定性，暴力和犯罪现象大量增加。

这时，正值加洛林王朝解体，传统权威瓦解，而新政权尚未树立威信，各地领主趁机扩张领地、篡夺权力，诸侯之间的战争也是家常便饭。卡佩王朝国王对此毫无办法，任由各地领主胡作非为。大量骑士的出现更是添乱，他们不顾法律制约，时时劫掠教会和富人。

"上帝的和平运动"就是在这个背景下兴起的，当世俗权力无法保证社会的稳定和安全时，教会决定接过这一重任，维持秩序。教会发动这场运动，希冀能够消弭战争，迎来和平。他们的目的还有保护教会的财产，以及商人和农民的安全，这样才能保证地租和什一税的按时交纳。而且，教会还有一个长远的打算，不仅想要摆脱世俗权力的干预，更想要驯服领主和骑士，使他们为己所用。上帝的和平运动也得到了一些领主和国王的支持，他们认为只有通过这样的合作才能更好地保护自己的利益。

于是，从10世纪下半叶开始，上帝的和平运动最先发端于法国南部和中部，这里国王的权威达不到，修道院却非常多。11世纪上半叶，运动逐渐扩展到法国西部和北部。

上帝的和平运动最初主要以和平集会的方式进行。第一次和平集会是在989年由波尔多大主教贡波在普瓦提埃主持的。随后，990年在纳尔榜，994年在勒皮也都举行了和平集会。每次集会上，大家都高呼和平，号召强化法律，并面对圣骨及圣徒遗物宣誓。集会往往以圣物为中心进行，并且还有施行奇迹的表演，与会者虔诚地祈求和平降临。集会也以上帝之名发布和平法令，谴责那些劫掠教堂、教士和穷人的行为，以革除教籍作为惩罚。

一开始参加集会的人都是教士和普通民众，以及处在社会边缘的人，后来也有王公贵族参加。所有到会的人都必须宣誓，保证维护和平。每次会议上都由教士郑重地将会议决定记录下来，成为法规，和平誓言被看成人与上帝之间签订的协议，神圣不可侵犯。由于集会都由主教主持，且每次都郑重记录下来，后来就逐渐演变成了主教会议。

到11世纪上半叶，和平集会进一步发展成上帝休战运动，即规定在特定的时间内出于对上帝的尊重，所有人都应当放下所有武器，对于那些不能遵守和平规定的骑士或领主，将把他们排斥在教会的所有活动之外，这就意味着他失去了教会的帮助和拯救。此外，大家也可以联合起来使用武力对其进行遏止。这是为了把骑士的暴力活动和领主的私斗限制在特定时间之内，避免社会各个阶层均受其害。

经过上帝的和平运动，主教的地位大大提高，教会被赋予绝罚（开除教籍）的权力，成为王权孱弱、领主独立的社会中的一股重要的势力。

修道院改革

到公元10世纪，由圣本笃开启的、已历几百年的修道院运动，越来越受到腐败风气的影响，无论在经济上还是政治上都成为众矢之的，改革迫在眉睫。法国不像意大利，并不是基督教世界的中心，但是它从外围，为这个中心提供了新的养分。尤其是在教会腐败严重时，从法国出现的克吕尼修会和西多修会，成为推动教会改革的重要力量。

910年，阿基坦公爵虔诚者纪尧姆在法国东部的勃艮第成立了一种新型修道院，位于克吕尼（Cluny），故称克吕尼修道院，开启了以修道院为主体的宗教改革运动。

改革的内容包括：不管世俗领主，还是当地主教，都不能干预修道院的事务；修道院院长由修士们自行推选，并且直接听命于教皇。克吕尼修道院致力于改革，正是由于教会的腐败现象日益增多，教会不仅贪污钱财，与世俗权力同流合污，而且教士也不奉行独身制度，多受世俗权力的控制。为此克吕尼修道院呼吁摆脱世俗权力的干预，坚持教士的独身制度，创建一个纯洁的教会。

克吕尼修道院的成功产生了很大的影响，甚至兴起了蔚为大观的、持续近两个世纪的克吕尼运动。从此，各地领主都会在自己的领地中建立类似的修道院，或者邀请克吕尼修道院的修士前来帮助建立纯洁的修道院。在克吕尼修道院建立之后的一个世纪里，欧洲各地就出现了千余所类似的修道院分院，其中尤以法国为主，因此克吕尼运动对法国的历史影响颇深。克吕尼逐渐超越了单个修道院，成为整场修道院改革运动的代称。

与过去相比，改革后的修道院进步很大，出自克吕尼修道院的修士得到了教会高层的认可，往往能够平步青云，直接出任主教甚至大主教、枢机主教乃至教皇，如格里高利七世、乌尔班二世，就出自克吕尼修道院。克吕尼的改革精神触动了教会高层，长期以来，教廷都在努力为改良社会和改革教会努力，而克吕尼修道院的成功使他们看到了希望，于是不遗余力提拔克吕尼的修士，让他们直接进入教会高层，甚至直接出任教皇，以此带动整个教会向好的方向发展。

同过去本笃会修道院的传统相比，克吕尼修道院有了很大的变化：本笃会规要求修士亲自参加体力劳动，自食其力，从而改造自己的灵魂；但克吕尼修士却摒弃了这一点，将劳动事务交给依附修道院的农民进行，修士则集中全部精力用于祈祷，以拯救世间众生的灵魂。修道院成为纯粹的灵修中心。

克吕尼修道院也支持上帝的和平运动，他们鼓励朝圣者去圣地朝拜，并且对修道院的建筑、装饰等做了革新，提倡在教堂中使用花窗玻璃、复调音乐、金属祭器、毛织挂毯，等等，推动了教堂的发展。这与当时迅速发展的经济水平也是相适应的。正是迅速发展的工商业，才使克吕尼修道院得以更好地接近上帝。

克吕尼修道院的巨大成功，为其带来了巨大的财富，不可避免地也会带来腐败，高尚的理想和情操在财富的腐蚀面前仍然败退了，原先的改革者沦为被改革对象，克吕尼曾秉持的改革目标将由新的修道院来承担。

同克吕尼修道院一样，西多派修道院也是从法国东部勃艮第地区兴起的。

1098年，出于对克吕尼修道院某些弊端的不满，香槟地区的本笃会修士罗贝尔认为，应当遵守严格的本笃会规，于是带领十几个修士出发，前去创建一座新的修道院。当到达第戎附近一块名为西多（Cîteaux）的沼泽地时，他们停下来了，在此创建了新修道院，新的修道院亦以此地地名命名。

创建新修道院的目标是要过简朴、宁静的生活，严格遵循圣本笃的教诲，远离尘嚣，独处修行，并且在祈祷和阅读的间隙参加体力劳动。罗贝尔不久迫于教廷之命又回到原来的修道院，他的助手接管了他创建的修道院。

这一新型修道院的发扬光大还要等到另一个圣人的出现，他就是圣伯尔纳。

伯尔纳出身贵族之家，但年轻时即遵从母愿进入修道院成为修士。他有极强的感染力，带动许多人同他一起修道，甚至他的家人也都被他说服放弃世间荣华去修道。1112年春，伯尔纳带着他的亲友三十多人进入西多修道院。伯尔纳进入西多会促进了该会的大飞跃，他接连创建了很多座修道院，到其62岁去世时，西多会在整个欧洲已经拥有了300多座修道院，其中最为有名的是1115年创建的克莱沃修道院（又称"明谷修道院"），伯尔纳亲任院长，因此，他也常被称作"克莱沃的伯尔纳"。

圣伯尔纳1146年在韦兹莱发表演讲动员第二次十字军东征的场景，埃米尔·西格诺尔绘制

圣伯尔纳以其非凡的人格和超群的魄力影响了整个欧洲。他主张通过艰苦的修道和俭朴的生活进行个人灵修，并劝勉信徒不要贪恋世间物质，而是要凭着自律和祈祷热爱上帝，如此方能认识上帝。伯尔纳认为，只有通过信仰和灵修才能获得知识，在当时城市广泛兴起的大学里则强调利用理性的方法进行认知，因此，伯尔纳还同当时的著名知识分子阿伯拉尔进行了几次大辩论，坚持自己的观点。伯尔纳并不是囿于修道院围墙内的修士，也广泛参与政治活动，他大力推动教会的改革，对新教皇的选举，他坚持认为只有道德高尚的人才能成为教皇。圣伯尔纳本人的威望甚至超过了教皇，他对宗教的热忱也体现在四处奔走发表演讲，将这种热忱传播给更多人。12世纪中叶，教廷号召第二次十字军东征，救援东方的十字军国家，伯尔纳更是到各国游说和巡回演讲，说服法国国王路易七世和神圣罗马帝国皇帝康拉德三世加入这场十字军东征。

西多会迅猛的扩展势头成为修道院改革的重要推动力量，到12世纪末，西多会已经拥有500多座修道院，此后两个世纪又增加了200多座，遍布欧洲各地。建于勃艮第丰特内的西多会修道院颇为有名，它于1118年由圣伯尔纳建于第戎西北方60公里处的山谷中，除了罗马式的教堂、回廊，修道院及其附近也有锻铁工场等劳作场所，贯彻了西多会修士身体力行、自给自足的宗旨。

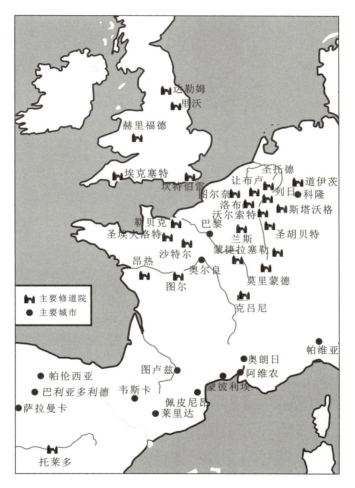

达勒姆
里沃
赫里福德

埃克塞特
坎特伯雷
图尔奈
洛布
沃尔索特
巴黎
勒贝克
圣埃大格特
沙特尔
昂热
奥尔良
图尔

圣托德
让布卢
列日
道伊茨
科隆
斯塔沃格
圣胡贝特
兰斯
蒙捷拉塞勒
莫里蒙德
克吕尼

主要修道院
主要城市

帕维亚
帕伦西亚
图卢兹
奥朗日
阿维农
巴利亚多利德
韦斯卡
蒙彼利埃
萨拉曼卡
佩皮尼昂
莱里达

托莱多

克吕尼修道院分布

57

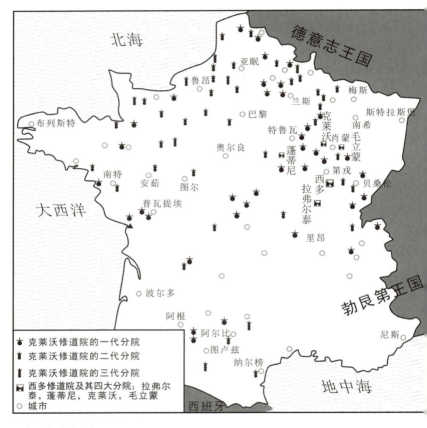

北海

德意志王国

亚眠

鲁昂

梅斯

兰斯

斯特拉斯堡

布列斯特

巴黎

克莱沃肖蒙

南希

毛立蒙

特鲁瓦

奥尔良

蓬蒂尼

第戎

南特

安茹

图尔

西多

贝桑松

大西洋

普瓦提埃

拉弗尔泰

里昂

勃艮第王国

波尔多

阿根

阿尔比

尼斯

图卢兹

纳尔榜

地中海

西班牙

- ♣ 克莱沃修道院的一代分院
- ♣ 克莱沃修道院的二代分院
- ♣ 克莱沃修道院的三代分院
- ☖ 西多修道院及其四大分院: 拉弗尔泰, 蓬蒂尼, 克莱沃, 毛立蒙
- ○ 城市

西多派修道院分布

清 除 异 端

12—13世纪是法国的十字军时代。十字军一面朝向法国南部，一面朝向中东。

当时，在法国南部靠近比利牛斯山的地区，出现了一种新的教派——阿尔比派。阿尔比派又称卡塔尔派，意为"纯洁"，源于东方，最早受波斯地区的摩尼教影响，在罗马帝国晚期从东方传入欧洲，一直隐匿于民间。7世纪，在拜占庭帝国亚美尼亚地区形成一支基督教团体保罗派，他们信仰类似摩尼教的善恶对立理念，追随保罗而反对彼得，认为基督教会是邪恶的。这个派别受拜占庭帝国打击，被迫迁到巴尔干地区，为当地保加利亚人继承，成为波高米勒派，后又经过意大利北部，于1145年传入法国南部小城阿尔比，并以此为名。

同正统基督教会不同，阿尔比派坚持善恶两元论，相信善神创造灵魂和精神世界，恶神创造肉体和物质世界，两神之间不断斗争。阿尔比派反对物质世界中的欲望、疾病、痛苦，信仰灵魂和精神高于物质。同这一信仰相应，他们也认为教会与物质世界一样混浊黑暗，故而反对罗马教廷，严厉批评教会的腐败现象。

阿尔比派主要活跃于法国西南部的图卢兹伯国，及其属下的几个子爵领地，如阿尔比、卡尔卡松、尼姆、贝济耶、阿格德等。教会多次征讨阿尔比派。1179年，教皇亚历山大三世就宣布阿尔比派为异端。此后，教皇英诺森三世屡屡想要感化阿尔比派，使其归顺教会，但始终不能成功，恼羞成怒的教皇于1209年组织起一支十字军前去镇压，这就是"阿尔比十字军"。这场十字军征讨直到1229年才结束。

事实上，在这场宗教战争的背后，也掺杂着世俗的考虑。法国国王腓力二世（Philippe Ⅱ Auguste，1165—1223）虽然没有亲自参加，却任由其诸侯跟随教皇积极参与这次对南部的十字军战争，他的目的是获得此处的图卢兹伯国，扩大法国国王在南部的权力并提高其威望。图卢兹伯国被掌握在当地的雷蒙德家族手中，但是其属下的很多子爵又不服从他，尤其是特朗卡维尔家族，占据了阿尔比、卡尔卡松、贝济耶、尼姆等地，与伯爵分庭抗礼。而且，还有南边的阿拉贡王国和北边的阿基坦公国对这里虎视眈眈，也会支持子爵对抗图卢兹伯爵。在这种情况下，图卢兹伯爵很自然就同法国国王走到一起去了，对阿尔比派的斗争，其实也是法国国王联合教会、图卢兹伯爵对那些不服从的势力以及外部干涉势力进行的斗争。说得更直白些，阿尔比派就是以特朗卡维尔家族为首的势力。

这也是卡佩王室继在北方吞并安茹帝国领地之后，

在法国南部接着进行的王权大扩张。国王与教皇的利益不谋而合，为征讨阿尔比派提供了契机。当时的圣伯尔纳亲自率领西多会来到这里对抗阿尔比派。腓力二世并没有公开反对阿尔比派，但暗地里支持骑士攻打他们，之后的法国国王路易八世、路易九世继续进行南征，夺得阿维尼翁，进而确立了王权对整个南部地区的统治。

历时20年的征战只是个开端，整个13世纪都伴随着法国对南部异端的军事镇压，这对阿尔比派是一个沉重的打击，教士和信徒被大量屠杀，教会组织也受到了极大破坏。但阿尔比派对法国南部的影响极大，尤其是在广大乡村深入人心，成为村民广泛接受的信仰，直到14世纪末才逐渐消失。

14世纪时，这里的富瓦伯国南部的蒙塔尤村还存在异端，并且被法国著名史家勒华拉杜里写成了一本史学名著《蒙塔尤》。

除了在国内打击异端，法国也积极参加十字军东征，到海外去打击异教徒，并且在十字军东征中扮演了非常重要的角色。

正是1095年在法国的克莱芒召开的宗教大会上，教皇乌尔班二世决定发动十字军东征，援助被塞尔柱帝国不断压迫的东罗马帝国的"基督教兄弟"。在教皇的感召下，以隐修士彼得和骑士沃尔特·桑萨瓦尔为首，法国领主和修士组织了一支平民十字军，但这支没有战争经验的队伍很快就被消灭在半路上。

1096年，法、英、德、意的领主和骑士领导了第一次十字军东征。其中法国的布永伯爵戈弗雷与其兄弟鲍德温成为主角。在攻占耶路撒冷以后，耶路撒冷王国建立，戈弗雷负责留守耶路撒冷，但他没有称王，而是自称"圣墓守护者"。他死后，鲍德温称王。此后的好几任耶路撒冷国王都是由法国人担任，直到耶路撒冷被萨拉丁夺回。

第一次十字军东征，《1099年十字军夺取耶路撒冷》，埃米尔·西格诺尔绘制

赞吉攻灭埃德萨伯国使教皇感到有必要再发动一次东征，于是他派法国西多会修道院院长圣伯尔纳在欧洲各国游说宣传，最终鼓动起法王路易七世和神圣罗马帝国皇帝领导。1147年，第二次十字军东征开始。但是路易七世由于家事（与阿基坦的埃莉诺离婚）和国事（英国金雀花王朝入侵）交困，匆匆忙忙便鸣金收军，从耶路撒冷撤退。

　　1187年的第三次十字军东征是由英王、法王和神圣罗马帝国皇帝共同领导的，但法国国王腓力二世因与英王不和，横渡了地中海后，便草草收兵回到国内。不过，这却是一个假象，是腓力演给英王看的。腓力一回到法国，立即趁英王不在国内，攻打其在法国的领地，兼并了诺曼底公国的全部领土。

　　法国国王没有参加第四次十字军东征，却由香槟伯爵利奥波德三世领导。然而这场东征却走偏了方向，向同盟的拜占庭帝国发动了攻击。与此同时，法王在教皇的鼓动下，发动了对法国南部的异端阿尔比派的讨伐，前后长达20年，将法国国王的权力和威望扩展到了法国南部。

　　当法国国王终于平定了大后方以后，才抽出时间和精力着手进行新的十字军东征。路易九世在1248年和1270年连续发动了两次十字军东征。第一次是进攻埃及的阿尤布王朝，这里也是东方伊斯兰世界的核心所在地，但不幸的是，路易九世在这次东征中被俘，后来用大笔赎金才得以赎回。20年后，路易九世决定卷土重来，率领十字军进攻北非突尼斯，但是这次征程仍然不幸，登陆突尼斯不久，军队就被瘟疫感染，路易九世也未能幸免，十字军被迫撤退，以失败收场。

至此，教皇发动的以近东地区为目标的十字军东征终于结束。在十字军东征的两百年间，一半以上的法国贵族，以及三任法国国王都参与其中。法国人在十字军

《1266年的圣路易》，埃米尔·西格诺尔绘制于1844年

东征的队伍中所占比例非常之大，以至于十字军在近东地区一般都被称作"法兰克人"，"弗朗机"作为法国的称呼也传遍了从中东到远东的广阔世界。

剿灭新教徒

16世纪，欧洲爆发了宗教改革，在德意志有以马丁·路德为首的新教派，法国也出现了信仰加尔文宗的新教徒，称作"胡格诺派"。在法国，宗教改革是以战争的形式进行的，在16世纪的后30年里，连续出现了八次新教与天主教之间的战争，亦称"胡格诺战争"。

从16世纪40年代开始，在法国南部出现和传播起加尔文宗，很多南部的大领主和贵族都信仰这一新教教派，他们与法国北部以天主教信仰为主的贵族有着深刻的矛盾。而这个矛盾又围绕着王权展开，瓦卢瓦王朝的亲戚吉斯家族形成围绕在国王周围的天主教阵营，趁着这时期王权孱弱，擅权乱政，另一阵营由南部信仰加尔文宗的波旁家族构成，主要由孔代亲王、纳瓦尔国王亨利和科利尼海军上将领导，有时国王为了摆脱吉斯家族的控制，也着力扶持胡格诺派教徒。两派之间的矛盾最终以内战爆发出来。

1562年，吉斯公爵带领军队突然闯入瓦西镇，对正在进行加尔文宗仪式的新教徒大肆屠杀。此后一年，双方发生了数次战争，各有胜负，吉斯公爵被暗杀，孔代亲王也被俘虏。出人意料的是，法国太后凯瑟琳·德·美第奇颁布《昂布瓦斯敕令》，宣布给予新教徒一定程度的信仰自由。

到1567年，战事再起。孔代和科利尼包围了巴黎，于该年年底在巴黎北郊的圣德尼与天主教军队发生战役，由于得到德意志新教诸侯的支援而取得胜利，次年签订的条约重申了《昂布瓦斯敕令》。

迫于吉斯家族的压力，国王查理九世宣布取消宗教宽容，驱逐新教徒，并逮捕了孔代亲王和海军上将科利尼。此后的雅尔纳克战役和蒙孔图尔战役，新教徒都战败。不过，随后凯瑟琳太后颁布了《圣日耳曼敕令》，给予新教徒一定的宗教自由。为了与新教徒媾和，太后决定将自己的女儿玛戈嫁给新教徒的领袖纳瓦尔的亨利。

1572年8月23日夜里，新教徒的首领齐聚巴黎，庆祝亨利的婚礼。但就在这时，吉斯家族以巴黎教堂钟声为号令，对新教徒发动突然袭击，杀死新教徒2 000余人。次日正是圣巴托罗缪节，因此这一晚的血腥事件也被称作"圣巴托罗缪大屠杀"。由于这次屠杀，新教徒与天主教徒彻底决裂，在南部和西部组成了独立阵营同巴黎对抗。

1575年，从巴黎逃亡出来的孔代和纳瓦尔的亨利领导新教徒发动起义，为圣巴托罗缪之夜复仇。次年，国

1572 年的巴托罗缪之夜的大屠杀，19 世纪的绘画

王亨利三世颁布敕令，谴责对新教徒的大屠杀，同意巴
黎以外所有法国城市都可以举行新教仪式，还给予新教
徒进入政界的权利，并承认新教徒所占领的 8 座城市享
有自治权。这道敕令引起了天主教徒的极大不满。吉斯
家族随即组织了天主教神圣同盟，要求恢复法国的天主
教一统局面。经过战争，两派再次缔结和约，同意解散
天主教同盟，但大大减少了新教徒的宗教特权。

　　1585 年宗教战争开始进入高潮阶段，出现了三亨利之战，分别为国王亨利三世、吉斯公爵亨利和纳瓦尔的亨利。吉斯家族得到西班牙国王腓力二世的支持，重组天主教同盟，而新教徒也得到了英国和德意志新教势力的援助。双方各有胜负。就在这时，吉斯公爵进军巴黎，将国王亨利三世赶出了巴黎，亨利三世对其深恶痛绝，于是派人暗杀了吉斯公爵兄弟，并与纳瓦尔的亨利结盟。不久，亨利三世遇刺身亡，纳瓦尔的亨利成为最后的胜利者，因亨利三世的遗嘱而继位为国王，即亨利四世（Henry Ⅳ，1553—1610）。1593年，为了进入天主教势力强大的巴黎，亨利四世改信了天主教，从而以一场弥撒换取了王位。

亨利四世在1598年颁布《南特敕令》，宣布天主教为国教，但新教徒在全法国享有信仰自由等权利，至此，持续30多年的宗教战争宣告结束

但是，在法国，对新教徒的宽容不可能长久。

新教徒得到一定的自由和权利，在拉罗歇尔、蒙彼利埃、鲁瓦永、尼姆、布里昂松、苏瓦松、第戎等一百多座城市有财政和军事自治权。这样就在法国境内建立了一系列的"国中之国"，虽然换得了和平，但也埋下了不和的种子。17世纪以后，宗教战争重燃。

1610年，亨利四世被刺而英年早逝，其子路易十三继位，因为年幼，由太后美第奇的玛丽摄政，随之意大利权臣专擅朝政，法国贵族孔代亲王、吉斯公爵等非常

《黎塞留》，香槟的菲利浦绘制，藏于伦敦国家画廊

不满，要求恢复贵族特权，并在各地煽动叛乱。这时崭露头角的新人黎塞留（Richelieu，1585—1642）受到了重用，他以非常灵活的手腕清除了宫中的权臣，并得到路易十三的赏识，在1624年成为首相，开始了长达18年的执政生涯。

黎塞留执政之初，正值新教徒活动极其频繁的时期。这些新教徒借助《南特敕令》给予的各种特权，打着共和的旗帜，学习德意志地区的新教诸侯，实行地方割据，在其辖区内新教势力发展非常迅猛。新教徒甚至还要求自己的代表进入中央权力机构，并在各地发动一系列武装叛乱。面对这种大胆的挑衅，黎塞留决定毫不留情地予以迎头痛击。

在黎塞留的建议下，1627年，路易十三同他一道领兵前往新教徒的重镇拉罗歇尔进行征讨。拉罗歇尔是法国位于大西洋海岸的重要港口，通过海路与英国和荷兰有密切往来，这里的新教徒也多与英荷相通，因此被黎塞留视作眼中钉肉中刺。在听闻法王亲征的消息后，英军就在白金汉公爵的指挥下逼近拉罗歇尔，准备给予法国新教徒援助。黎塞留首先将英国海军赶走，为了阻止英国舰队再度前来驰援拉罗歇尔，他命令在城外的海面上建筑一道很长的围堤，使英国的船只无法靠近。完成了包围的部署后，黎塞留就开始了围城战。

拉罗歇尔早在1573年巴托罗缪大屠杀之后就曾经经历围城战，时隔半个世纪之后，这次又开启了类似的战斗，只是这次更残酷、更血腥。1627年年底，长堤修好之后，围城战就开始了。王军在国王和黎塞留的指挥下全面封锁拉罗歇尔的交通和补给供应，四面被包围的新教徒在城中苦苦支撑，没有等来任何援军，但在这种极为不利的情况下，守军仍然坚持了足足一年之久。到1628年年底，新教徒迫于饥馑、死亡和瘟疫，终于向国王打开了拉罗歇尔的城门。至此，新教徒的这一根据地和大本营彻底失去。

黎塞留对于法国南部其他地区和城市的新教徒的反

叛，也都给予痛击，逐一平定。新教徒被逼无奈，转向与西班牙国王结盟，但仍未能挽救局势，遭到了法国国王的抛弃。在黎塞留的建议下，路易十三放弃了他父亲所担任的新教徒领袖的身份，而是以君主和胜利者的身份同新教徒进行谈判，在1629年签订了《阿莱斯和约》，仍然承认《南特敕令》，但是要求拆毁新教徒的所有要塞，解散所有军队。

拉罗歇尔的平定，为法国国王去掉了心头之患，也大大增强了国王的权威。到1685年，路易十四更进一步废除了《南特敕令》，从此，新教徒在法国更无容身之地，纷纷流亡国外。

法国也因此而再度巩固了天主教的特性，一直延续到20世纪。

《拉罗歇尔围攻中的黎塞留》，亨利-保罗·莫特绘制

推荐书目：勒华拉杜里的《蒙塔尤》

　　《蒙塔尤》是法国年鉴学派的重要历史著作之一。其作者为年鉴学派著名学者埃马纽埃尔·勒华拉杜里。中文版由许明龙、马胜利翻译，由商务印书馆出版于2023年。副标题为"1294—1324年奥克西坦尼的一个山村"。蒙塔尤是法国南部奥克西坦尼（即说奥克语的地区）的一个牧民小村庄，1320年时，帕米埃主教作为宗教裁判所法官来此办案，他在调查和审理各种案件的过程中发现了这里村民的秘密，包括日常生活中的隐私、矛盾、

冲突等，并且将其详细记载下来，为后世留下了该村庄的详细信息。法国著名历史学家勒华拉杜里通过这些史料，利用微观史的方法，以小见大地揭示了13—14世纪法国的历史。

埃马纽埃尔·勒华拉杜里是法国年鉴学派第三代代表人物之一，著有《朗格多克的农民》《公元1000年以来的气候史》《罗芒狂欢节》《历史学家的思想和方法》等。

名胜古迹：圣德尼教堂

　　这座教堂位于巴黎北部，是法兰西早期的王室墓葬地，亦开启了新的大教堂时代。

　　12世纪中叶，法国国王大力支持圣德尼修道院院长叙热，而叙热也代表教会主张强化法兰西王权。于是，王权和教权在这一时期合作，共同推动了法国国王地位的提升，最重要的结果就是国王开始收回巴黎周边的地方权力。在此背景下，叙热重新修建了加洛林王室修道院的圣德尼教堂，并且开启了新的艺术样式——哥特式。重建后，圣德尼教堂变得更加壮丽辉煌，一方面，这提升了教会的地位，另一方面，也体现了国王的权威。这里曾经是加洛林王朝国王的加冕地和墓葬地，从此也成为卡佩王朝乃至波旁王朝国王的墓葬地。圣德尼教堂作为罗曼式风格向哥特式风格转变的代表性建筑，在其中可以看到各种拱，尤其是肋拱的使用，让人们能够支撑起更高的空间，以及引入透过玻璃窗射进来的明亮光线，它成为后来哥特式教堂的先锋，影响遍及欧洲。就是在它的影响下，巴黎圣母院才建造起来。

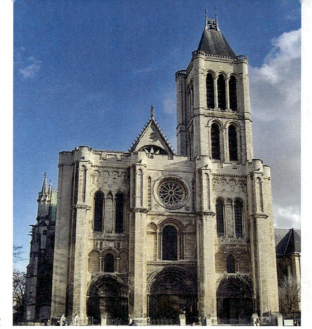

圣德尼教堂

圣德尼教堂
内景

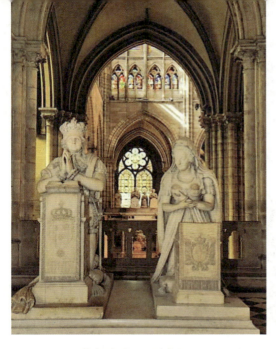

路易十六和王后玛
丽·安托瓦内特的墓葬

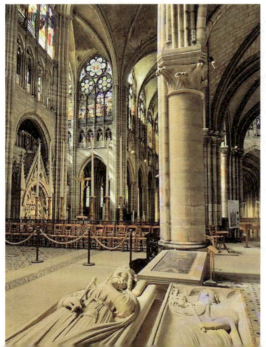

墨洛温王朝国王的
墓葬

第三章 帝国还是王国

查理曼是欧洲历史上彪炳千古的人物。

查理曼之前，法兰克王国的统治范围大致上只限于原来高卢的领土，但经过查理曼一生的征战，法兰克的领土面积增加了一倍，它的疆域对后世产生了极大影响，查理曼甚至被看作欧洲人共同的先驱。

查理曼之后，经过数次分裂，帝国变得零碎，再也没有统一过。分裂出的部分又形成了不同的国家，因不同的语言、风俗和传统而相互独立，这些独立王国成为后来各个民族国家之始。

在法国的历史上，拿破仑被视作比肩查理曼的人物，二人都是法国的骄傲。从出生地来说，查理曼生于今天的德国亚琛，而且他成为欧洲一体化的符号，是欧盟的代表，被誉为"欧洲之父"。拿破仑出生在"前一天"还属于意大利的科西嘉岛，而且也差不多将大部分欧洲统一于麾下，但他就没有被视作"欧洲之父"，而

《在亚琛凝视着查理曼宝座的拿破仑》，亨利-保罗绘制

是不折不扣的法国人。那么，该如何理解查理曼对法国的意义呢？

　　此外，19世纪以前，相对东边的德意志，法国从来没有成为"帝国"、"罗马帝国"或"神圣罗马帝国"的领袖，而是一直固守着"法兰西王国"。它并不是没有称霸欧洲的雄心，但是在加洛林帝国解体之后，它就无法再像以前那样不断东进，而是始终留在了欧洲大陆的最西端，满足于王国的称号。又该如何理解帝国和王国这两条道路对法国的意义呢？

从查理曼到秃头查理

矮子丕平虽然身材短小，却有一个高大伟岸的儿子——查理曼（Charlemagne，747—814）。

查理曼统治时期是加洛林王朝的鼎盛时期，他在位46年，经历大小50余战，国土面积比以前增加了一倍，成就了一个庞大的帝国。

查理曼从即位伊始，便继续进行其父发动的阿基坦战争，打压这里的反叛势力，夺回了阿基坦和加斯科涅，并让自己的儿子虔诚者路易成为阿基坦的国王。接着，查理曼在法兰克王国的领土以外四面出击，南征北战，开始了其戎马倥偬、威震欧洲的一生。

他的矛头首先指向意大利。773—774年，查理曼应教皇之请，出兵讨伐伦巴德人，这次，他不再像过去矮子丕平那样仅仅接受伦巴德王国的投降，而是要彻底改造这个国家。他攻陷首都帕维亚，永远结束了伦巴德人对意大利的统治，并请教皇立自己的次子丕平为意大利国王。查理曼并不满足于对意大利北部的占领，10年之后，他于787年率大军深入亚平宁半岛南部的卡普阿，征服了这里的贝内文托公国。

对于西班牙这块沃土，如同历代法兰克国王一样，查理曼也有着迫不及待想要征服的野心。778—801年，查理曼两次出兵西班牙，企图征服这里的摩尔人，但都出师不利，回师途中还遭到比利牛斯山一带山民巴斯克人的伏击，其侄罗兰被害，法国的经典传奇故事《罗兰之歌》即源于此。但不管怎样，查理曼还是在西班牙取得了一定成果，占领了巴塞罗那和埃布罗河以北地区，并在此建立了西班牙边区。

向东，查理曼继承法兰克王国历来的传统，不断东扩。在9世纪后期，查理曼对萨克森人进行了旷日持久的战争，经过30多年的征战，最终降服了萨克森。在东南方向，他于787年直逼服而又叛的巴伐利亚，令忠于自己的伯爵统治当地，将这里改造成为帝国的又一个边区。接着，查理曼继续向东扩张，夺得今奥地利南部，并对多瑙河中下游的阿瓦尔人和斯拉夫人发动战争，势力达到巴尔干半岛的西北部。

在法兰克的最西部，查理曼征服了这里的布列塔尼人，使其成为自己的附庸。对不列颠和北欧，查理曼没有将它们作为目标，但查理曼的威名已经响彻欧洲。公元800年的圣诞节，罗马教皇在圣彼得大教堂为查理曼戴上了皇冠，称其为"罗马人的皇帝"，从此，法兰克王国继承了罗马帝国的事业，成为罗马帝国之后的又一个大帝国。

查理曼统治了将近50年，死于814年。

对于在他身后如何处置帝国的遗产，查理曼已有打

《教皇利奥三世为查理曼加冕》，拉斐尔绘制

算。他并未摆脱强大的传统束缚，因此很早就遵照当时通行的规则，立下遗嘱，将帝国分给三个儿子。但是，巧的是，其中两个儿子都死于他去世之前，帝国最终被完整地传给了虔诚者路易。

　　虔诚者路易从781年查理曼平定阿基坦后就担任阿基坦国王，从未想到自己会成为皇帝，两个哥哥的不幸早逝却为他提供了契机。

　　路易即位后，并没有查理曼那样的威望和实力去管

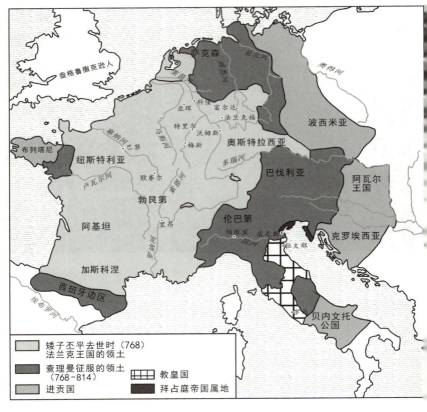

盎格鲁撒克逊人
萨克森
易北河
奥得河
莱茵河
科隆
亚琛
富尔达
法兰克福
波西米亚
布列塔尼
特里尔
沃姆斯
塞纳河 巴黎
梅斯
奥斯特拉西亚
纽斯特利亚
卢瓦尔河
欧赛尔
多瑙河
巴伐利亚
阿瓦尔王国
勃艮第
罗讷河
里昂
阿基坦
伦巴第
帕维亚
威尼斯
克罗埃西亚
加斯科涅
波河
拉文那
西班牙边区
埃布罗河
罗马
贝内文托公国

矮子丕平去世时（768）法兰克王国的领土
查理曼征服的领土（768-814）
进贡国
教皇国
拜占庭帝国属地

查理曼时代法兰克帝国扩张

理一个庞大的帝国，于是，一方面，出于让儿子们协助他进行统治的考虑，另一方面，也遵照法兰克的传统，他很快就决定将帝国分给几个儿子。817年，国土被一分为三，长子洛塔尔得到意大利并且成为皇位的继承人，次子丕平得到阿基坦，幼子德意志人路易分得巴伐利亚。

虽然分封了土地，但路易内心深处仍想要保持帝国的统一，为了防止帝国分裂，他又改行长子继承制，指定长子洛塔尔为其继承者。这项决定也获得了教会的支持，因为教会希望有一个强大的帝国作为靠山。但路易的儿子们却不同意，他们在各自的领地里变得日益独立，开始与父亲发生冲突，830年甚至发动宫廷政变。

这种情况因家庭成员的增加而变得更加复杂。分得国土的三个儿子都是虔诚者路易的第一任妻子所生，但第一任妻子不幸病逝后，路易的续弦朱迪丝又为他生了一个儿子——秃头查理（Charles le Chauve, 823—877）。朱迪丝是个有心计的女人，她费尽心思要为自己的儿子争得一块领地和遗产，于是缠着虔诚者路易，要他重分国土。这在皇族内部引起了轩然大波，几个年长的王子都不愿意将已经到手的土地交出。虔诚者路易不管封给秃头查理哪里的土地，都会引起其他儿子的不满，触动他们的既得利益。直到838年次子丕平去世，情况才有所缓和，但几个儿子之间的矛盾依然尖锐，相互征伐不断。

虔诚者路易死于840年，长子洛塔尔成为合法的继位者，但其他几个儿子还是不服，其中，秃头查理和德意志人路易就结成联盟，反对长兄洛塔尔，内战开始。洛塔尔战败。843年，三人在法国东北部的凡尔登签订了《凡尔登条约》，三分法兰克帝国的领土。

根据条约，长子洛塔尔仍继承皇帝称号，得到从意大利北部到莱茵河中下游一线的帝国中部领土，称作中法兰克王国，包括原伦巴德王国、勃艮第王国、作为奥斯特拉西亚王国一部分的洛林，这个王国成为现代意大利和法、德之间区域的前身。

秃头查理分得帝国的西部，称作西法兰克王国，主要是原先的纽斯特利亚和阿基坦，这个王国成为现代法国的前身。

德意志人路易则分得帝国的东部领土，称作东法兰克王国，除了奥斯特拉西亚，这块地方大都是新征服的地区，包括萨克森、土瓦本和巴伐利亚等公国，成为现代德国的前身。

秃头查理在位时期做了一个重大决定，就是签署《梅尔森条约》。虽然对外无能，但查理却相当擅长家族内争。他早就对自己领土东边的中法兰克王国虎视眈眈，但一直没能下手，直到机会出现。早在855年，中

法兰克国王去世后领土三分，分别是意大利北部、普罗旺斯（包括下勃艮第）、洛林（包括上勃艮第），由三个儿子掌管。其后他们内部又进行了分割调整，却基本与秃头查理无涉。然而，随着统治洛林和普罗旺斯的两个侄子先后去世，秃头查理再也按捺不住，他与有同样野心的东法兰克国王德意志人路易一道，将两个侄子的土地瓜分了。870年，两人在今荷兰的梅尔森签署了条约，将这一次领土瓜分确定下来，是为《梅尔森条约》。

　　这一次扩张后，西法兰克王国的领土大大增加，逐渐具有后来法国领土的雏形。从北到南，西法兰克王国包括弗兰德尔地区，从苏瓦松到巴黎再到图尔的纽斯特利亚故地，沿海的布列塔尼、阿基坦和西班牙边区，东边则到达勃艮第的西部。当然，西法兰克国王的领土贪欲还没有终结，此后他还将继续围绕着中法兰克王国的遗产进行拉锯战。

875年，中法兰克国王最后一个仍在世的儿子，也就是秃头查理的侄子路易去世，查理终于可以接过皇帝的称号，成为加洛林帝国的唯一继承者，并得到教皇的加冕和祝福。但查理于877年去世后，皇帝的宝座便无人再继承，空位数年。

虽然秃头查理后来居上，战胜了兄长们，成为偌大的西法兰克王国的国王，并享有皇帝称号，而且领土也日益扩大，但他的政治和军事实力并不强。在西法兰克王国内部，许多大的封建领主并不听命于他，查理必须想尽办法与大领主们周旋，而授予土地则是最常用的笼络手段，如普罗旺斯等地就被封给了领主，但这也导致越来越多的领主领地，羽翼日丰的领主们逐渐尾大不掉。秃头查理的长子继任后就没有再继承皇帝头衔。帝国的分裂此时已日益严重，皇帝的虚位已经不再引人垂涎了，西法兰克国王从此只想集中精力经营自己的国家，但又不得不受制于大领主，只能通过大量赐封土地博取领主的支持，勉力维持，甚至将西班牙边区伯国的权力也让渡给了当地贵族。

法兰西的诞生

西法兰克王国独立以后，发展并不顺利。一方面，维京人的入侵让国王们疲于奔命，另一方面，诸侯独立，烽烟四起，又让国王们应接不暇。整个9世纪，西法兰克国王都在浴血奋战。

9世纪上半叶，从查理曼时代晚期起，维京人就已经从各条海岸线登陆法兰克的土地了。到9世纪中叶，海盗的入侵日甚一日，从那时起，对抗维京人就已经成为西法兰克国王不得不背负的重任。879年，维京人又开始了新一轮的入侵。但是，这时候西法兰克国王已经非常孱弱，甚至要借助东法兰克国王的力量才能勉力维持统治。尽管如此，在879年的维耶纳附近，维京人的进攻还是被挡住了。

维京人的进攻对西法兰克王国的经济造成了破坏，尤其是沿海的港口。841年，维京人劫掠了塞纳河入海口的鲁昂（Rouen），几年之后，他们竟然沿着塞纳河溯流而上，进攻巴黎，甚至成功地攻入了巴黎，大肆劫掠，国王被迫缴纳了一笔重金，才让维京人满意地离开。但是，不久之后，维京人还是会卷土重来，一轮又一轮地向西法兰克腹地冲击。

为了安抚维京人，西法兰克的国王们也会令他们定居到沿海地区。在弗里斯兰地区，也就是今天的荷兰沿海一带，形成了不少来自丹麦的维京人的定居点。如维京人罗里克就获得了西法兰克国王的许可，于840—870年统治着这里的大片地区。这样，国王们就将死敌巧妙地转化成了附庸，为己所用，因为这股力量可不容小觑，一方面，可以安抚他们，另一方面，也可以使他们成为"以夷制夷"的利器。有时，维京人会接受洗礼，以国王作为教父，甚至成为国王的乘龙快婿；而有的时候，维京人还会参与宫廷阴谋，野心勃勃地想要颠覆政权，当然，这样的事情还没有成功过。最成功的一次，就是西法兰克国王于911年授予维京人首领罗洛公爵称号，允许他建立诺曼底公国（Normandie）。这个公国真正进入了西法兰克王国的政治圈，在未来还将起到重要的作用。

西法兰克国王绝嗣后，东法兰克的胖子查理应邀代任西法兰克王国国王。这样一来，他成为继《凡尔登条约》之后再度统一法兰克王国的君主。

胖子查理代掌西法兰克王国期间（884—887），扶持了卡佩家族。这个家族最初是西法兰克王国派在巴黎进行驻防的伯爵，但是，通过几代人的不懈努力，终于取代法兰克国王，建立了卡佩王朝。法国的真正源头可以追溯至此。

巴黎伯爵厄德（Eudes，？—898）出自卡佩家族，他在巴黎顽强抵抗前来入侵的维京人，立下赫赫战功，得到胖子查理的信任，被任命为卢瓦尔河地区的领主。这里是过去纽斯特利亚的故土，厄德因而成为西法兰克中部最大的领主。888年，胖子查理去世，厄德被当地贵族选为西法兰克国王。尽管受到挑战，但他在抵抗维京人的巴黎保卫战中的卓越表现为其赢得了名声，也从东法兰克王国那里获得支持。他所代表的巴黎卡佩家族已经不可阻挡地强大起来。

厄德死后，他的弟弟罗贝尔没能继任国王，但是到920年，很多贵族决定不再效忠新任西法兰克国王查理三世，转投罗贝尔。尤其是罗贝尔的女婿勃艮第公爵拉乌尔一世，带领一帮贵族反叛，推举罗贝尔为国王，称罗贝尔一世。查理三世被迫逃亡，到洛林与罗贝尔一世对峙。

查理三世组织起一支军队向罗贝尔进攻。923年6月15日，在苏瓦松一役中，罗贝尔与查理三世进行了决战，但不幸战死沙场。不过，罗贝尔的军队死守顽抗，他的儿子大于格甚至站到父亲的尸体上鼓舞士兵们，最终反败为胜。

苏瓦松战役对加洛林王室的打击是致命的。

西法兰克末代国王路易五世被毒死，没有子嗣。兰斯大主教等贵族极力推举大于格的儿子于格·卡佩（Hugh Capet，938—996）继任国王，他虽不是唯一的强

《于格·卡佩加冕》，法国国家图书馆馆藏14世纪插图

大贵族，却是西法兰克王国中唯一在军事和政治实力上能够压倒一切对手的贵族。987年7月3日，于格·卡佩成为国王，由兰斯大主教为其加冕。卡佩王朝取代了加洛林王朝，法兰西王国取代了西法兰克王国，从此，我们可以很方便地将这个王国简称为法国了。

对这篡夺来的王位，于格·卡佩很担心坐不稳，于是他在即位那年的圣诞节，就为他的儿子罗贝尔加冕，以确保其身后的王权连续性。然而，在于格·卡佩统治时期，诸侯和领主仍然叛服无常，同之前加洛林王朝一样，新的卡佩王朝面临的仍然是平定诸侯、加

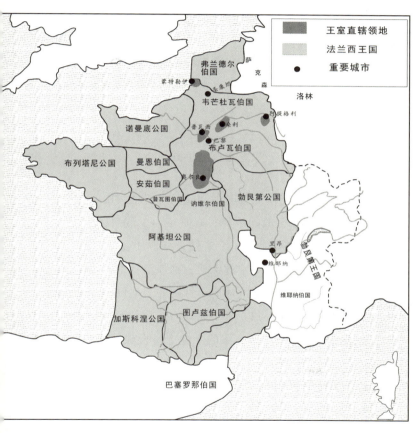

图例：
王室直辖领地
法兰西王国
● 重要城市

洛林

弗兰德尔伯国
萨克森
蒙特勒伊
韦芒杜瓦伯国
普瓦西
兰斯
阿提格利
诺曼底公国
森利
巴黎
布卢瓦伯国
布列塔尼公国
曼恩伯国
奥尔良
安茹伯国
勃艮第公国
普瓦图伯国
讷维尔伯国
阿基坦公国
里昂
维耶纳
勃艮第王国
加斯科涅公国
图卢兹伯国
维耶纳伯国
巴塞罗那伯国

格·卡佩统治时期的法国

91

强王权的任务，他们在这一点上都是一致的。无论加洛林王朝，还是卡佩王朝，它们实际统治的区域都很小。

996年10月24日，于格·卡佩在巴黎去世，葬于加洛林朝诸王的葬身之处圣德尼修道院。虽然王位的来路不那么名正言顺，但卡佩王朝仍为提高其统治合法性而依附上加洛林王朝。

领主堆里的小国王

法国从墨洛温王朝时期起就已有封地封臣，有时是为了奖赏作战勇敢的臣仆，有时是为了赐封国王诸子。国王将地方的管理委托给亲信，并赐予土地，称作伯爵，也会赐给教会一定的土地。到加洛林帝国时期，这些领地逐渐变成世袭的地产，赏赐的土地也逐渐转变成领主的采邑，拥有独立于中央政府的豁免权。随着查理曼的征服战争，在新征服的土地上也形成了众多领地，设立伯爵领（伯国）、公爵领（公国）等。这些封臣听命于查理曼，成为加洛林帝国的附庸，如巴塞罗那伯国、萨克森公国等。

9世纪以后，随着维京人的入侵和统一的加洛林帝国的解体，封建领地开始大规模出现。卡佩家族其实就是由驻守巴黎的伯爵发展而成的。

巴黎附近的布卢瓦伯国于960年形成，首任伯爵蒂博一世南征北战，苦心经营，迅速扩大领地，对卡佩王室威胁很大。

韦芒杜瓦伯国的中心是今圣康坦，这个伯国基本上把巴黎王室领地包围了，又由于伯爵是加洛林王朝嫡亲，与卡佩家族长期龃龉。

安茹伯国对卡佩王室始终有异心，就是从这个伯国发展出了金雀花帝国。

布列塔尼早期是独立的王国，后来成为公国，也更亲近英国。

卢瓦尔河以南有阿基坦公国，拥有法国各诸侯中面积最大的领土。

勃艮第公国于11世纪落入卡佩王室手中，但紧接着又被封给王子，继续独立于法兰西岛，也相当强大。

在这些领地领主之间，以及他们与国王之间，达成了某种契约，以领主、封臣和封地为中心，形成了臣属关系和封建制度。领主与封臣之间各有权利和义务，封臣得到领主的保护，但要效忠领主，为领主提供一定的军事服务和经济支持，领主有收回封地的权力。

从理论上讲，法国最高的领主是法国国王，但是在封建制度尚未成熟的9—12世纪，法国王室充其量也就是众多领主中不起眼的一个，必须在众多强大领主包围的缝隙中求生存。而且，各地领主与卡佩家族一样都曾是加洛林王朝的附庸，看到卡佩家族推翻王室自立，并不买账。

10—11世纪，一些稳定的领地和诸侯国已经形成，王室领地相比之下就仿佛大海中的几叶扁舟，仅拥有奥尔良和巴黎等几块小领地，它所能控制的就只有一个从奥尔良到桑利的南北长约200公里、东西宽不到100公里的狭长地区，因而也被称作"法兰西岛"（Ile-de-France）。

于格·卡佩同大领主们进行着斗争，其子罗贝尔二世沿袭了父亲的一些外交政策，如与诺曼底公国和安茹伯国结盟，遏制布卢瓦伯爵的扩张野心。他的另一项成就，就是在勃艮第公爵死后无嗣的情况下，于1004年兼并了这一大块领地，使其臣服于法国王室。但不久，这块领地又被分封给其第三个儿子罗贝尔，勃艮第公国因而又继续成为相对独立的领地。上勃艮第的东部和南部的普罗旺斯原来同属勃艮第王国，此时则归神圣罗马帝国。

罗贝尔二世的次子亨利一世统治的30年当中，他都在与不时发动叛乱的诸侯们斗争。他屡次试图征服诺曼底公国，但都以失败而告终。此后的50年由腓力一世统治，王室仍然在夹缝中生存，国王也在继续为扩大王室领地而战。

腓力一世登基不久后发生了一件大事，1066年，诺曼底公爵征服者威廉渡过英吉利海峡，征服了英格兰，成为英国国王。这是英国历史上的一件大事，被称作"诺曼征服"。这一事件对腓力的震撼很大，因为诺曼底公国骤然膨胀起来，实力大于他数倍。腓力决定向这个老对手挑战。

腓力一世寻求安茹伯爵和弗兰德尔伯爵的支持，这两个伯国也都感受到了邻居诺曼底公国强大起来的威胁。腓力组建了一支联军，1076年同征服者威廉打了一仗，在布列塔尼大败威廉，趁机掠取了一些领地。接着，腓力又使出反间计，利用威廉的儿子反对他，但没有获得多少进展。总之，这个突然崛起的诺曼底-英格兰跨海王国势力太大，此后都将是法兰西国王的心头之患。

终其一生，腓力一世都只是在王室领地周围零敲碎打获得一些领地，总体看来，王权仍然蜷缩在巴黎周围的法兰西岛一隅，对着四周的大小诸侯望洋兴叹。

潜 龙 飞 天

卡佩王室直接控制的领土很少，但陷入诸侯重重包围的卡佩王室面对强大的对手，毫不懈怠，一代代国王都会知其不可而为之，尽最大努力将王室领地向外拓展。从12世纪开始，这些努力终于逐渐成果斐然。

腓力一世的儿子路易六世（又称胖子路易，Louis le Gros，1081—1137）27岁即位，逐渐打破此前的僵局，借助这时期发展起来的市民，大量赐予城市自治权，换取市民帮助，共同对付领主。只要听命于他的诸侯或教会向其求救，路易就会带领军队赶赴战场，战败的反叛领主的领地一律收回。路易六世无情地拆毁叛乱领主的城堡，并驻扎王室军队，以此蚕食各处领地。他还利用联姻获取领地，同阿基坦公爵联姻是一桩最划算的买卖。1124年8月，路易在兰斯抵抗来犯的神圣罗马帝国皇帝亨利五世及其英国盟军，在众多领主的帮助下获得胜利，勃艮第公爵、阿基坦公爵、弗兰德尔伯爵等都站在了路易这一边。从此事可以看出，以路易为中心的法国统治集团正逐渐形成。

路易六世的努力将法国王室带入了一个新的时代，小小的国王开始壮大，突破领主们的重围。但这个转折并不是一帆风顺的，接下来出现了一个安茹帝国，它将使法国国王再次陷入困境。

这个帝国的出现是路易六世的儿子不幸的婚姻所致。路易六世与阿基坦公爵联姻，他的儿子路易七世同阿基坦公爵的女儿埃莉诺结婚。但是阿基坦没那么容易保住。埃莉诺是个风流成性的女人，路易七世参加十字军东征期间，埃莉诺与人私通，路易大怒，再加上埃莉诺总生不出儿子，于是路易坚决与其离婚。埃莉诺转而嫁给英王亨利二世，阿基坦公国也随之而去，划到英王名下。为此，路易七世与亨利二世数次交战，不但未能夺回领地，反而加深了两国宿怨。路易七世还试图兼并香槟伯爵领地，也没成功。

这时期的英国王室日益强大，同法国唱起了对台戏。英国这时兴起了金雀花王朝，开创者正是娶了路易七世弃妇埃莉诺的亨利二世。亨利本是英国国王亨利一世的外孙，由于宫廷内乱而没能继承英国王位，但是获得了诺曼底公爵领地，也继承了父亲的安茹伯爵领地。他在19岁时娶了30岁的埃莉诺，因此又获得了嫁妆阿基坦公国。这一来，亨利成为法国最大的领主，辖地远远超过法国国王。到1154年，亨利终于夺回了英国王位，一个跨越英吉利海峡的大帝国形成了，这就是安茹帝国，法国的半壁江山都属于它。

路易七世之子腓力二世才为父亲报了仇，削弱了安茹帝国。他因赫赫功绩而被誉为"奥古斯都"。

腓力二世14岁加冕为国王，次年与弗兰德尔伯爵之女伊莎贝拉结婚，获取其阿图瓦领地。15岁时其父去世，叔父香槟伯爵同兰斯大主教、沙特尔伯爵一道作为其监护人，代理国事。香槟伯爵权倾宫廷，但腓力的超群魄力和政治手腕从这时起就表现出来了，英国国王来访时他撇开了香槟伯爵直接同来宾进行会谈，还利用埃诺伯爵的力量同香槟伯爵斗争，迫使后者让出了大量领地，从而制服了桀骜不驯的香槟家族。虽然后来香槟伯爵伙同弗兰德尔伯爵叛乱，但最终还是被腓力降服。

腓力二世沿用祖父胖子路易的策略，大量颁发城市特许状，用允许城市自治的让步来换取城市的支持，从而与城市联手共同打击领主。同时，他还极力争取教会的支持和小领主的拥护，在这些外部条件具备以后，他就放手大肆兼并各处领地，扩张王权势力。

腓力最大的敌人是英王亨利二世。亨利二世娶了埃莉诺以后，也被红颜祸水所拖累，埃莉诺为其生了几个儿子，却极力挑拨父子间的关系，鼓动儿子们争夺父亲的王位。腓力二世也巧妙地利用了这种家庭矛盾，他极力挑拨亨利二世同他几个儿子之间的关系，并支持其中的狮心王理查及其弟失地王约翰发动叛乱，当狮心王理查继承王位后，他又设计同理查斗争。

1189年，第三次十字军东征，腓力二世同狮心王理查都参加了。二人的矛盾从一开始就爆发了，腓力二世较有心计，仗打了一半就折回，趁狮心王理查在东方厮杀时破坏他的后方阵营，大肆侵犯安茹帝国在欧洲大陆上的领地。理查返回途中又被腓力二世的盟友奥地利公爵俘虏，关押了数年。这些行为终于让理查出离愤怒，他同弗兰德尔伯爵一起向腓力发动进攻，但最终不幸阵亡在法国。之后，约翰继承英国王位。但腓力的反攻没有结束，一直在寻找有利时机发动一

《腓力二世参加布汶战役》，贺拉斯·贝内特绘制

次致命的攻击。

1200年，腓力终于找到了一次绝好的机会，可以兼并安茹帝国在欧陆的领地。这一年，约翰与马尔什伯爵的未婚妻昂古莱姆的伊莎贝拉结婚，马尔什伯爵失去了兼并昂古莱姆领地的可能性，气不过就去找腓力二世诉苦，腓力于是决定利用这次机会狠狠打击对手，他要求约翰以法王封臣阿基坦公爵的身份到法国接受自己的裁决，但是遭到约翰拒绝，腓力便立即宣布将英国在法国的所有领地一律没收。接着，腓力率兵攻打诺曼底，征服了这里，将英国势力赶了出去。1206年，约翰不得不与

腓力二世签订和约，放弃其在法国的绝大部分领地，即诺曼底、曼恩、安茹、都兰、阿基坦，他保留的普瓦图伯国后来也被腓力二世拿下，约翰故得"失地王"恶名。

经过这几回合较量，腓力二世彻底扫除了法国王室发展的障碍，剩下的零星领主已经不再是法国国王的对手了。

至此，卡佩王朝的法国已经成功地立住脚跟，它降服了一个个桀骜不驯的领主，勇于对抗强大的邻国，发展成为当时欧洲的重要王国。同此前的加洛林帝国相比，卡佩王朝治下的法国的疆域更接近今天，因而也被视作当下法国的直系前身；此前的帝国则只是虚无缥缈的梦境，只有当涉及欧洲一体化时，查理曼和加洛林王朝才会被抬出来。

推荐书目：勒高夫的《圣路易》

　　路易九世是法国中世纪的著名国王，因从事十字军东征和效忠教会而被封圣，又称"圣路易"。在《圣路易》（中文版由许明龙译，商务印书馆2023年版）这部著作中，勒高夫不仅记述了圣路易的生平，更是写下了圣路易时代的整体史，从个人出发，看国家、社会和时代，勾勒出了13世纪法国的时代主线，凸显了那个时代的主题。作者引用了大量文献资料，用叙事和分析相结合的方式，评述了圣路易同时代人的记忆，并且尝试走

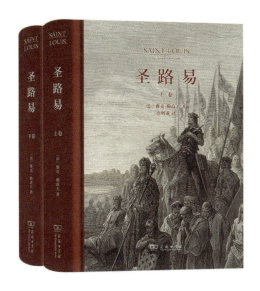

进圣路易的内心世界，对个人与时代互动下的心理空间进行探索。

雅克·勒高夫，法国年鉴学派第三代的代表人物之一，专长中世纪盛期的历史，尤其是精神、心理、文化方面的历史，著有《炼狱的诞生》《钱袋与永生》《试谈另一个中世纪》等。

名胜古迹：普罗万

　　在巴黎东边的香槟地区，有四座城市是中世纪欧洲著名的香槟集市的所在地：普罗万、特鲁瓦、拉尼、奥布河上的巴尔。中世纪欧洲的两大经济中心是北边的低地地区和南边的意大利中北部，而位于两地之间的香槟地区便成为南来北往的商旅行人的枢纽之地，由此该地区的四大贸易城市兴起了。普罗万还有一年一度的中世纪节，居民装扮成领主、骑士、商人，等等，人们可以近距离感受中世纪的氛围。

普罗万的中世纪城堡，作者摄于2009年

普罗万的中世纪城墙，作者摄于2009年

普罗万中世纪节，群众装扮成骑士，作者摄于2009年

普罗万中世纪节，身着中世纪服装的游客，作者摄于2009年

普罗万中世纪节，表演节目的艺人，作者摄于2009年

香槟地区在中世纪也出现了很多游吟诗人，创作了流行的传奇故事，如《玫瑰传奇》就是在这里诞生的，还有不少骑士传奇，也都与香槟地区密切相关。可以说，正是香槟地区繁荣的经济推动了文化的发展。

第四章　巴黎：流动的盛宴

　　2024年7月开幕的巴黎奥运会，首次将开幕式从体育场搬到了城市当中，场地就是塞纳河在巴黎市区的西半段，大致从奥斯特里茨桥向西到埃菲尔铁塔，途经众多标志性的名胜古迹，如卢浮宫、协和广场、荣军院、大皇宫等。而且，奥运会的主要场地都设在这条线上，充分利用了塞纳河岸边的开放空间。

　　沿着这条路线，正好可以看到巴黎城市在19世纪的发展历程。相对巴黎的左岸和右岸，这里属于19世纪中叶起新兴的城市区域，这个地段正是借助连续几届世博会发展起来的，也算得上一个"新区"，它体现的是巴黎作为一个工业革命时代发展起来的欣欣向荣的现代城市的风采。

　　其实，巴黎还有其他光彩夺目的区域，如北边的蒙马特，南边的蒙巴纳斯，这两个区域是19—20世纪落魄文学家、画家等艺术家聚集活动的地方，今天却被打造成了最知名的文化景观。更何况，还有巴黎的左岸和右岸，这些历经岁月洗礼，能够体现巴黎文化身份的地方。刚刚修缮如初的巴黎圣母院，更是巴黎的骄傲。19世纪，人们重新燃起对中世纪和哥特风格的兴趣。雨果称颂巴黎圣母院为"一首规模宏大的巨石交响乐"，也正是他1831年出版的小说《巴黎圣母院》获得巨大成功，才让法国政府决定维护和修缮这座老建筑。从1844年到1864年，在长达20年的时间里，由维奥莱·勒·杜克负责修复这座哥特式大教堂。需要注意的是，正是这位建筑师将圣母院的尖塔增高了十几米，2019年大火毁

站在巴黎圣母院顶上俯瞰巴黎南部。最高的那座现代风格大楼是蒙帕纳斯大楼（左侧），是巴黎最高的建筑，也被认为是最丑的，作者摄

站在巴黎圣母院顶上俯瞰巴黎北部，远处的白色建筑就是蒙马特高地的圣心大教堂，作者摄于2008年

坏的尖塔，并不完全是从13世纪一直延续下来的古建筑，中间经过了19世纪的"装修"。

　　法国其他地方也有各具特色的城市，但总体说来，巴黎市民视其他地方均为"外省"，"不屑一顾"，认为只有巴黎称得上城市。正如海明威所说，"巴黎是一场流动的盛宴"。事实上，巴黎在法国城市中一枝独秀，这是19世纪以后才产生的现象。

　　下面，我们来梳理一下法国的城市发展史，考察蕴含在城市当中的法国特性。

自治城市的兴起

12—13世纪是法国乃至欧洲城市发展最迅速的时期，大量城市拔地而起。

中世纪早期，城市主要是由主教的驻地发展而来的，或是在世俗领主修建的城堡周围聚集起来的。而这时的城市，主要是被商业活动所吸引而来的居民建立或扩展，因此也带有浓重的商业气息。可以看到，这时期的重要城市基本上都位于交通要道上。临河的城市如塞纳河边的巴黎，卢瓦尔河边的图尔、奥尔良，加龙河边的图卢兹，罗讷河边的里昂，等等；临海的城市则有北部的根特、布鲁日、鲁昂，西部和南部的波尔多、蒙彼利埃，都是处在关键位置的港口，这些城市彼此之间都有频繁的贸易往来，而繁荣的商业则进一步推动了它们的发展。

过去待在城堡里的领主们、终日虔心向上帝祈祷的主教们，面对这时期汹涌的商业大潮，再也按捺不住，纷纷开始在自己的领地上，或者在教堂周围设立了集市，以此招徕顾客和游客，并且获取税收和财富。通过这种定期的集市，教俗领主也可以获得自己需要的商品，生活比过去要便利许多。而城市中的社会流动性也比传统的封建社会要大得多，为城市社会带来了很多变化。

最重要的就是自治公社的出现。城市中通过商业和手工业发展壮大起来的市民阶层，开始为自己的利益和自由而奔走呼号。城市最初是由领主建立起来的，生活于其中的市民虽然获得一定程度的自由，但在许多方面还受到掣肘，于是从城市领主手中夺取自治权成为这时期的重要事件。

市民们决定结成一个自治组织，称作"公社"，并要求领主给予承认和授予自治权。在法国很多城市都出现了这种组织，并掀起了声势浩大的公社运动。如勒芒、琅城、博韦、努瓦永、兰斯等城市，其中又以琅城的最为有名。

琅城原本是一个主教城市，由主教作为城市的最高统治者，11世纪末，一位受到英国国王支持的主教戈德里来到这里，他的所作所为不得民心，市民们想要建立一个自治的公社组织，遭到他的坚决反对。他还对公社进行了镇压和取缔。1112年，市民们忍无可忍，决定发动一场暴动，在这场斗争中，主教被一群暴徒捉住并以极其残忍的方式遭到杀害。这个事件在当时引起了很大的震动，最终法国国王路易六世出面进行干涉，在1128年颁布了"和平法令"特许状，准许琅城的公社享有一定程度的自治权。同琅城类似，当时许多其他城市的公社运动也都是以暴力方式进行的，如欧塞尔和韦兹莱，但也有许多是以和平的方式，或者以领主和国王颁布承认公社的法令进行的，如布尔日、鲁昂、勒芒等。

公社也成为法国国王确立自己威信的工具和极力拉拢的对象。同大小领主处在对峙中的卡佩王室急需其他力量的支持，而城市公社和市民恰好成为第三支力量，卡佩王朝的国王给许多城市的公社都颁布了特许状，成为市民们的盟友，如路易六世就被称作"公社之父"，腓力二世与城市联手打击领主，而市民则依靠国王的支持同城市领主斗争。这是一种双赢的联盟关系，促使法国王室和城市都获得了很快的发展。

12—13世纪是欧洲商业大规模扩张的时期，意大利北部和西北欧的低地地区成为商业革命的两个轴心，而法国正好处在中间位置，巴黎东边的香槟地区更是处在这个中间位置的中央，以其定期的集市迎接南来北往的商人和顾客，成为富甲一方的商品集散地。

由于位于从意大利北部到低地地区和从德意志到西班牙两条交通要道的交叉点上，香槟集市能够轻易获得从意大利运来的东方商品、英国运来的羊毛原料、低地地区生产的呢绒，等等，成为当时欧洲规模最大的国际性贸易市场。

香槟地区从事集市活动的主要是四个城市：普罗万、特鲁瓦、拉尼和奥布河上的巴尔。这四个城市轮流举行集市贸易，每次集市至少持续六周，而每次举行集市之间的间隔期则留给商人运输之用。举行集市的时间后来成为惯例，1月份在拉尼，4月份在巴尔，5月和9月在普罗万，6月和10月在特鲁瓦。因此，香槟地区基本上全年都会有集市举行。

每次集市的顺序往往是这样，集市的第一周由来自全欧的商人运来货物，并在城内街道上摆设货摊，然后是分别为期10天的呢绒贸易和皮革贸易，此后20天用于各种杂货的贸易，最后两周是结账时间，此前达成的交易一律在这个时候集中结账，从而避免了零散的交易，方便了货币的结算和转账。在这些集市上，擅长经营的意大利商人起到了很重要的作用，他们不仅人数多，还将汇兑和期票等先进的金融手段带到了这里，推动着这里商品经济的发展。

由于坐落在香槟伯爵的领地上，集市也受到香槟伯爵的支持和保护，经过这里的商人或货物都是非常安全的，这也是其成为全欧商业中心的有力保障。但作为回报，集市和商人需要向伯爵缴纳一定的税款。香槟伯爵是中世纪中期力量很强大的领主，12世纪初崛起，13世纪通过联姻甚至获得了西班牙北部的纳瓦尔王国。历任香槟伯爵都是十字军东征的积极参与者，香槟伯爵提奥波德三世担任过第四次十字军东征的领袖。与经济上的强盛相匹配，香槟伯爵享有极高的地位和威望。

香槟地区经济上的发达，也带动了文化上的昌盛。这里有大量的游吟诗人，创作了大量中世纪著名的诗

中世纪法国的自治城市

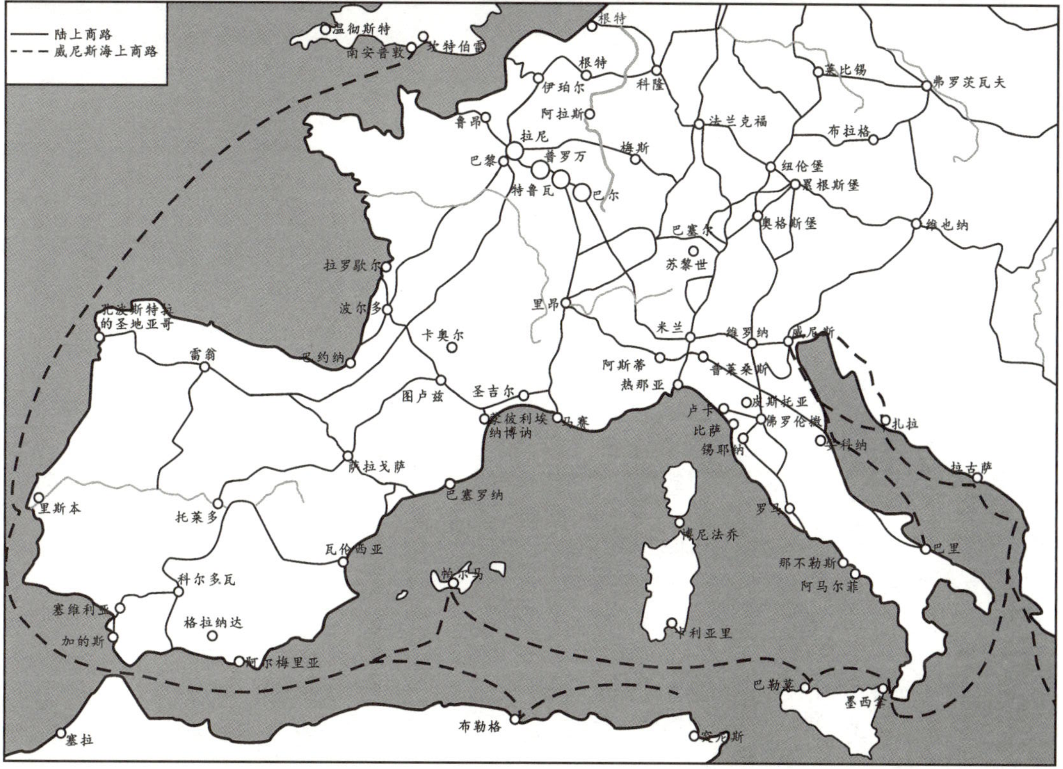

香槟集市与欧洲中世纪商路

陆上商路
—— 威尼斯海上商路

歌。其中最为脍炙人口的还是《亚瑟王传奇故事》，由特鲁瓦的克雷蒂安创作，经过加工后成为广为流传的版本。

14世纪以后，香槟集市陷入衰退，不久就退化成为地方性市场。这时期从意大利到低地地区布鲁日的海上航线开通，威尼斯人的海上贸易兴盛，并出现了坐商经营，而欧洲内陆运输也更青睐莱茵河水道，香槟集市曾经的优势不复存在。再加上这时期法国同低地地区的战争和同英国的百年战争，都大大破坏了欧陆市场和商路。而且，还因为法国国王腓力四世这时通过联姻兼并了香槟伯国，推行严格的财政措施，收缴重额税收，扼杀了香槟集市的生命力。就这样，经历两个世纪的繁荣之后，香槟集市和香槟伯国都从极盛走向了衰落。

成为首都的巴黎

虽然巴黎早在罗马帝国时期就已经发展起了规模不小的定居点，但是在此后的1 000年里，它都没有受到宠爱。国王们更愿意住在巴黎附近的琅城、奥尔良、默伦等城市。直到卡佩王朝时，巴黎才又开始成为法国稳定的首都。

巴黎的风采是从12世纪开始展现的，这也是卡佩王朝走向强盛的时期，巴黎地位的上升，与这个不断壮大的王朝密不可分。

　　哥特式建筑在法国的兴起也是开始于巴黎周边。第一座真正的哥特式教堂是位于巴黎北郊的圣德尼教堂，这座教堂是法国王室的墓葬地，因此它体现着王室的尊严，最早的建筑革新就是从这里开始的，法国国王也想通过建筑上的发展增强自身的威信和地位。圣德尼教堂用尖券解决了提高拱顶高度带来的压力难题，还安装了彩色玻璃窗。这些技术为许多教堂所采纳。

　　最知名的哥特式教堂当属巴黎圣母院，西岱岛上的这座教堂将哥特式风格推向了极致。巴黎圣母院的主体

2023年6月还在修复中的巴黎圣母院

部分建于1163—1250年。这座教堂原是罗马式建筑，苏利当选巴黎主教后，决定按照圣德尼教堂的风格重建这座已经破旧不堪的教堂。直到1345年，巴黎圣母院才最终建成。

为巴黎赢得声誉的还有路易九世资助创办的索邦大学，大学建成以后，来自欧洲各地的学生汇集到这里，使大学周围的地方形成了"拉丁区"（左岸）。而塞纳河北岸的区域（右岸）则是工商业和行政区域。

腓力二世为巴黎建起了城墙，并且在面向英格兰的地方建造了一处要塞，即后来的卢浮宫。城墙建成以后，巴黎就成为一个颇具规模的首都，在人们心目中的地位大大上升，因为城墙也给人们带来了安全感。到14世纪查理五世在位时，为了更好地应对百年战争，又增建了一道城墙，这道城墙的最东端也建了一个堡垒，即后来的巴士底狱。

中世纪的巴黎，工商业者日益强大，他们开始反抗王权，甚至出现了出身商会会长的巴黎市长艾田·马赛带兵包围王宫的情况。至今，位于巴黎右岸的市政厅前还有艾田·马赛的骑马雕像。受到惊吓、痛定思痛的国王不想再重蹈覆辙，于是决定搬到西岱岛外面，也就是今天的卢浮宫，因为从这里可以很容易地逃往城外。

到文艺复兴时期，法国国王们便不再青睐巴黎了，他们更喜欢到卢瓦尔河谷的城堡中去生活。这个充满自

巴黎市政厅南边的艾田·马赛雕像，立于1888年

然风情的地区取代巴黎成为法国的政治和文化中心，在瓦卢瓦王朝时期，巴黎同卢瓦尔河谷相比也黯然失色，点缀这个新得宠区域的最鲜明特征就是大量兴建的文艺复兴风格的城堡。许多著名城市坐落于此，如昂热、布卢瓦、南特、奥尔良、图尔等，而此间就点缀着大大小小百余座城堡。如果说卢瓦尔河是法兰西脖颈上的名贵项链，那么这些城堡就是项链上的明珠。这个时期的巴

黎，变得非常暗淡。

但是，17世纪以后，巴黎与法国王室再也没有分开过，成为波旁王朝的国王们展现个人权威、炫耀自己功绩的场所。

亨利四世在巴黎修建了许多项目，他想要通过建筑、雕像和辉煌的城市来彰显他的权力。他在卢浮宫与杜伊勒里宫之间增建了一条长廊，卢浮宫从过去的碉堡演变成为国家最高权力的符号，并且一直到路易十四时代都不断地被整修、美化，象征着君主至高无上的地位。历代国王也都在这里存放收藏品，逐渐形成了一座艺术宝库。亨利四世主持了著名的新桥的修建，桥的中间竖起了他的青铜骑像，他还修建了王室广场（后来的孚日广场），这是一个封闭性的意大利式广场，周围的房屋建好之后就很快被贵族们抢购一空。

路易十四比谁都更了解建筑与权力的关系，而且他的臣仆科尔伯也时刻提醒他利用建筑来表现王权的伟大。于是，路易十四重修了卢浮宫，建造了很多广场，其中最著名的是路易大帝广场（后来的旺多姆广场）和胜利广场，在两个广场中心都树立起他的雕像。他在巴黎北边还修建了两座凯旋门，其中一座圣德尼凯旋门保存至今。此外，路易十四还在城墙之外修建了林荫大道，供人们休闲游玩，荣军院、天文台、法兰西学院等建筑也都建立起来，衬托出国王的绝对权力。这些纪念

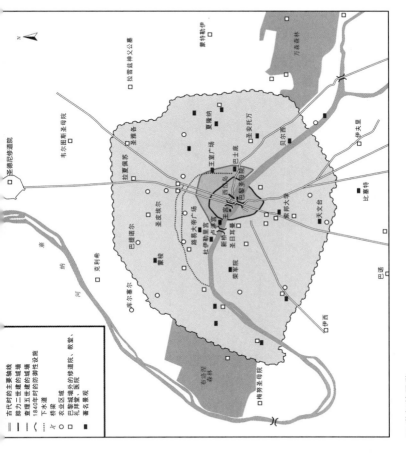

图例：
二 古代时的主要轴线
一 腓力二世建的城墙
一 查理五世建的城墙
∧ 1840年时的防御性设施
⋯⋯ 下水道
火 桥梁
○ 农业区域
□ 巴黎城墙外的修道院
■ 著名景观，巴黎城墙外的修道院、教堂、礼拜堂、医院

主要地名标注：
圣德尼修道院
韦尔圭斯圣母院
拉雪兹神父公墓
蒙特勒伊
万森森林
圣雅各
拉夏佩苏
圣安托万
夏埃纳
王室广场
巴士底
贝尔西
伊夫里
圣皮埃尔
巴提诺尔
王宫
西岱岛
紫邦大桥
天文台
比塞特
蒙枚
新桥大街广场
路易大帝广场
杜伊勒里宫
巴黎圣母院
索邦大学
库尔塞尔
荣军院
圣日耳曼
巴诺
伊西
克利希
布洛涅森林
梅努圣母院

15世纪的巴黎

121

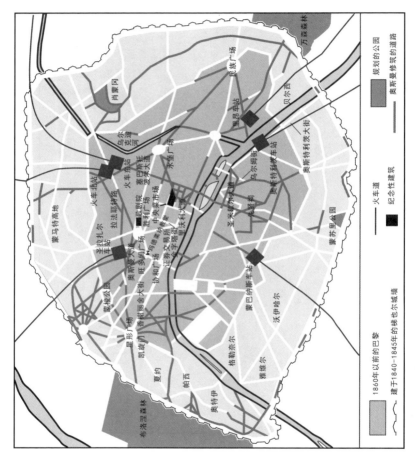

万森森林

肖蒙冈

贝尔西

民族广场

乌尔克运河

火车北站

火车东站

里昂车站

拉法即特路

塞巴斯托波尔大道

水星广场

奥斯特利茨大街

奥斯特利茨车站

蒙马特高地

歌剧院

圣拉扎尔车站

旺多姆广场

胜利广场

中央莱市场

乌尔姆街

圣米歇尔大道

奥斯曼大街

奥斯曼大街

沃格哈尔

苏里公园

蒙苏里公园

火车场

菩提树林荫大道

证券交易楼

协和广场

里沃利大街

凯旋门

蒙巴纳斯车站

蒙梭公园

星形广场

格勒奈尔

雅里尔

帕西

夏约

奥特伊

布洛涅森林

1860年以前的巴黎

建于1840—1845年的梯也尔城墙

规划的公园

奥斯曼修筑的道路

火车道

纪念性建筑

现代巴黎

碑式的建筑使巴黎成为法国风格新古典主义的典范。

路易十四在巴黎西南方20公里左右的地方修建了凡尔赛宫，并在晚年迁到了凡尔赛宫。这对巴黎而言是个噩耗，失去了国王厚爱的首都在面对凡尔赛宫的辉煌时，略显凄凉，因为所有贵族也都自愿或被迫搬到了凡尔赛宫。然而，巴黎并没有被遗忘，启蒙时代的文化中心仍然是巴黎，沙龙、咖啡馆等新设施则为巴黎增添了越来越多的现代元素。

启蒙运动时期的学者文人经常聚会交谈，而沙龙、咖啡馆，以及一些社团、俱乐部组织就成为他们碰头和聚会的场所。最初，一些贵妇举办沙龙，她们利用自己的影响力，提携赫赫有名的文人，并使这些文人更加出名。譬如乔芙兰夫人之于伏尔泰、孟德斯鸠，华伦夫人之于卢梭，等等。到大革命前夕，越来越多的社团出现，逐渐取代了贵妇沙龙的位置。比较著名的有雅各宾派、斐扬派等，都以同名修道院作为俱乐部，而吉伦特派的俱乐部则是罗兰夫人的沙龙。

现代巴黎的形成

现代巴黎的形成主要缘于两个因素，一个是政治家的改造，另一个是艺术家的创造。

法国大革命爆发以后，巴黎的面貌发生了巨大的变化。中世纪留下来的大量教堂和修道院被拆毁，取而代之的是象征共和的建筑物。最典型的例子，就是巴黎最古老的圣殿——圣热内维耶芙教堂被改造成先贤祠，从过去祭祀巴黎的保护神转向对伟人的崇拜。皇家广场上的国王像被推倒，代之以纪念碑，如胜利广场上立起一个尖塔，旺多姆广场上则竖起罗马式的圆柱。路易十五广场也被更名为协和广场，通过香榭丽舍大街连起西北方向的星形广场，而星形广场上则建成了巴黎的重要标志——凯旋门。

拿破仑对巴黎的变化起到了莫大的作用。他以自己取得胜利的战役为巴黎的街道命名，如金字塔街、乌尔姆街、奥斯特里茨大街，等等。他还为巴黎修建了证券交易所、马德莱娜教堂等古典主义风格的规模宏大的建筑，在大理石上刻下他所取得的辉煌成就。在民生方面，拿破仑为巴黎增添了中央菜市场、屠宰场、葡萄酒市场等一大批实用性的设施，他还开凿了乌尔克运河，将塞纳河与其他运河连通，以方便巴黎与外省的水路交通。

拿破仑的侄子拿破仑三世对巴黎的影响更为深远。他开创了法兰西第二帝国以后，继续建设巴黎。他起用了富有才能的奥斯曼男爵，任命他为巴黎地区的最高长官塞纳省省长，负责改造巴黎。从1853年起的20年间，他掀起了西方城市史上最剧烈的城市变革。

奥斯曼对巴黎城区进行了全面的改造。他扩建了里沃利大道、塞巴斯托波尔大道和圣米歇尔大道，将这几条主要的道路变成连通东西南北的大动脉，让它们穿过中世纪遗留下来的崎岖拥挤的市中心。按照他的设想，这会将巴黎浑浊肮脏的空气一扫而光。为了系统地重塑巴黎的道路网，让巴黎的道路更加宽敞气派，奥斯曼不惜破坏大量带有历史传统的街区。这是他广受诟病之处，有人认为他此举背后的意图是廓清道路障碍，有利于政府军队快速进入，从而杜绝巴黎革命者所热衷的街垒战。不过，从改造效果来看，道路的开阔的确便利了巴黎市区的交通和商业，也极大改善了城市的卫生状况，城市面貌焕然一新。

配合道路的整修，奥斯曼大力推行沿街房地产的开发，他对新的房屋立面有严格的要求：统一用石灰岩材料进行建筑，不能超过5层楼的高度，屋顶阁楼要有45度的坡度，这就开创了名扬世界的奥斯曼特色的巴黎公寓，一直保留到今天。

奥斯曼提倡"美化巴黎"，他在市内多处设置了育植园，作为林荫大道的配套工程，以供应所需的大量树木，还增加了两座城市森林：城东的万森森林和城西的布洛涅森林。巴黎的绿地面积迅速增加，从而成为"绿色城市"。奥斯曼在道路两旁安装了路灯，设置了公厕、长椅、遮篷、凉亭、商品亭、书报亭、垃圾箱等，其中很多至今仍然立于巴黎街头。喷泉式饮水器用于供应路人之需。城市还设立了一批给路面自动洒水的设置，有利于保持城市清洁。

这些匠心独运的城市景观既方便了行人，也给巴黎披上了现代的外衣。

19世纪下半叶正值工业革命席卷欧洲之际，也为城市建设提供了足够的助力。巴黎数次举办世界博览会，其中在1855年、1867年、1878年、1889年、1900年连续五次举办，人们在传统的老城西边构建了一个新城区，包括战神广场、荣军院等区域，这些地方的道路

毕沙罗为我们留下了19世纪末蒙马特大街的景象

网络和建筑景观，完全体现了奥斯曼的风格。在奥斯曼改造巴黎的20年间，以及在他卸任之后的数十年间，巴黎都在按照他奠定的风格建设，这正是我们今天见到的巴黎。

从印象派到美好时代

1872年，画家莫奈创作了名为《印象·日出》的油画，其光彩变幻的斑斓和朦胧虚幻的效果，都给当时的法国画坛带来了极大冲击，当时学院派艺术评论家甚至对莫奈的画嗤之以鼻，讽刺其描绘对象虚无缥缈，如同转瞬即逝的"印象"，而莫奈和他的朋友们则接过这一称呼，作为自己的标签，从此，"印象派"这个名称就成为一个画派的标志，也成了法国对世界艺术史的一大贡献。

早在19世纪60年代，法国就出现了一批志同道合的画家，他们的作品大都是描绘日常生活中的平凡事物，并有一个共同的特点，就是非常强调光和影的变化。可以说，他们改变了过去画家在室内作画的习惯，将画室搬到了大自然里，观察阳光照射物体产生的色彩效果，以及在人的视觉中造成的印象。这样绘画往往得到很奇特的效果，光彩的变幻明显加剧，而光线和色彩之间的关系也就成为印象派画家所追求的目标。他们将技法的重心从传统的素描和透视，转向研究光线构成，以求更准确地把握色彩的使用。

这些艺术家群体主要由马奈、莫奈、德加、雷诺阿、毕沙罗等人构成。但是，在新古典主义占据主导地位的当时，这种新的风格根本没有出头之日。新古典主义强调以偏暗的色调、如实的绘画、悲剧的气质凸显崇高感，绘画的主题大都是宏大事件或英雄人物，这从宫廷和贵族的审美来看是理所当然的，因为它符合传统。但是，这批年轻画家则掀起了一场反叛，他们希望表现新时代的需求。新古典主义画家的代表法兰西美术学院举办沙龙推选他们认可的画家和作品，印象派风格的画作自然不入他们法眼，总是落选。

1863年，没能入选美术学院沙龙的画家们发起强烈抗议，因为不能入选沙龙就意味着他们的作品根本无法被大众了解。这些年轻画家针锋相对地举办了一场"落选者沙龙"，并且得到了拿破仑三世的批准。就是在这场沙龙中，马奈的《草地上的午餐》展出，轰动一时，成为争议极大的作品，但也成了印象派发出的第一声响亮的呐喊。从此，这批志同道合的艺术家就经常聚在巴黎的咖啡馆里谈论艺术、交流想法、探求革新，并在1874年共同举办了画展，从而宣告了印象派的诞生。

这些画家大都生活于巴黎，但追求室外写生又使他们各奔东西，他们的行程却又都在画作中表现出来，成为法国一个时代的记录。

马奈（Édouard Manet, 1832—1883）最为年长，他的活动范围基本上在巴黎市区，他画了大量巴黎街景，可以说比较忠实地记录了当时巴黎城市的面貌。《插满旗帜的莫斯尼尔街》成为他具有代表性的作品。马奈也大量描绘了咖啡馆、酒吧的场景，表现了巴黎的城市社会生活，以及众多以女性为主角的肖像画。

德加、雷诺阿和毕沙罗也都是长期居住在巴黎市区，他们也留下了巴黎这座城市的肖像画。德加创作了大量以芭蕾舞演员和赛马为主题的画作，雷诺阿的《磨坊舞会》和《船上午宴》、毕沙罗的《蒙马特大街》，也都可以让我们感受到那个充满活力的时代。

莫奈（Clande Monet, 1840—1926）最为成功，他的行程也更为曲折。他出生于巴黎，幼年是在诺曼底的勒阿弗尔度过的，22岁时到巴黎开始印象派画家的生涯。1870年，普法战争期间，莫奈到英国伦敦避难，次年又到荷兰，但都没能打开事业的局面，于是又回到法国，结婚并居住在巴黎西郊塞纳河边上的小镇阿让特伊，正是在这个自然风光生机无限的环境里，莫奈灵感源源不断，创作了大量作品。1872年，他以港口城市勒阿弗尔为背景创作了《印象·日出》，轰动一时。1878年，莫奈一家搬到了韦特伊与朋友一家合住，不久莫奈夫人去世，1881年，莫奈又搬到普瓦西，但他并不喜欢这里，两年后又搬到了诺曼底地区厄尔省的吉维尼，在这里他

莫奈1872年在勒阿弗尔创作的《印象·日出》，成为印象派的经典之作

笔者于2023年10月在勒阿弗尔寻找印象派的光影，莫奈的《印象·日出》中的港口和工厂还在，波光粼粼的海面就似乎是印象派的灵感来源

有一个大花园，莫奈余生都是在这里寻找灵感和进行创作的，其中包括《鲁昂大教堂》和《睡莲》等名作。

20世纪初，中国画家林风眠、刘海粟到法国学习，深受印象派影响，将这一风格带回中国，同时代的徐悲鸿受古典主义和写实主义影响更大，但最初对印象派也没有否定。这是因为到20世纪初，法国艺术界已经接受了印象派，而印象派也已经摆脱了此前筚路蓝缕的状态，一跃成为主流艺术，甚至影响到当时的文学、电影、摄影等。

普法战争结束后，法国进入相对和平的时代，从这时到第一次世界大战爆发，巴黎出现了一个文化极其繁荣昌盛的时期，被称作"美好时代"。

1889年，巴黎第四次举办了世博会，同时纪念法国大革命百年，本届世博会最辉煌壮观的成果莫过于埃菲尔铁塔，尽管当时这个钢铁庞然大物并不被人看好。钢铁材料展现了工业时代的迅速发展，而现代主义的设计则表现出对科学和技术的崇拜。19世纪末，法国制造出标志、雷诺、雪铁龙三大品牌的汽车，法国汽车制造业地位迅速上升，仅次于美国的汽车制造业。作为配件，米其林牌的充气轮胎也在法国被发明出来。在航空业，法国树立起先驱者的形象。在巴黎，也出现了电车、地铁、电话，等等，这些新事物都使法国人的消费欲望得到了极大的刺激和满足，也使这个时代变得狂飙突进、一往无前。

莫奈于1877年绘制的《圣拉扎尔火车站》，展现了那个骚动的工业革命时代，现藏于英国国家美术馆

世博会在法国连续举办，来自全世界的新奇物品，尤其是工业革命的最新成就，让法国人对新鲜事物充满了好奇，而这种好奇也促使世博会特别受到巴黎青睐，连续几届在巴黎举办，也极大地改变了巴黎的面貌。百货商店、音乐厅成为休闲消费的新场所，最耀眼的是1889年红磨坊在巴黎蒙马特的开张。1895年，卢米埃尔兄弟发明了电影，并且在巴黎首次放映，引起了人们的极大兴趣，从此，电影成为法国人记录生活、表达情绪、讨论人性、传递观点的完美方式，极大激发了人们的艺术天才和表现欲望。此后，法国这时期确立的文化

时尚也流传到了全世界。

当然，美好时代的巴黎成为世界文化之都，来自世界各地的文学家、艺术家都涌入巴黎，加入这个时代的创造中。用英语写作的作家们，如海明威、菲茨杰拉德、格特鲁德·斯泰因、詹姆斯·乔伊斯、亨利·米勒等，在巴黎创作了大量现代主义文学作品，向人们展现出这个疯狂时代的精神追求。他们经常在巴黎的酒吧聚会，通宵达旦畅饮、狂欢，巴黎激发了他们的灵感，而他们也为巴黎奉献了最华丽的篇章。

在这里流连忘返的还有各种画家、雕塑家、音乐家、舞蹈家，来自美洲的黑人萨克斯手和探戈舞蹈演员也经常光顾蒙马特，使这里成为爵士乐的演奏中心。尤其需要提到的是约瑟芬·贝克，她是个来自美国的黑人舞蹈家，1925年到巴黎演出，引起了极大轰动，一举成名。她的特点就是极具诱惑力的异国舞蹈，体现出美洲丛林的自然气息和野性的美感，这些为她赢得了巴黎的掌声。她因为二战期间参与法国抵抗运动，赢得了法兰西民族的尊重和热爱。与贝克一道来到法国并成名的黑人艺术家还有许多，这些人在祖国时却并非那么有名。

使法国名扬天下的还有众多文艺流派的争奇斗艳。在巴黎，塞尚、高更将印象派进一步向前推进，发展出了后印象派，来自西班牙的达利则开创了超现实主义绘画，马蒂斯的野兽派、毕加索的立体派，以及未来派、抽象主义，等等，使得这时期的法国艺术界令人眼花缭乱。

　　美好时代充分体现了法国文化的世界性，正是这种有着很强包容性的文化，吸取了世界各国文化的精髓，并创造出一个达到文化巅峰的时代。2011年，美国著名导演伍迪·艾伦在其电影作品《午夜巴黎》致敬这个美好时代。2024年，巴黎奥运会则用其开幕式向美好时代致敬。可见，文化缔造的巴黎一直延续至今。

推荐书目：科林·琼斯的《巴黎传》

　　巴黎是一座凝聚了历史和文化的城市，这里的一砖一瓦都可以与特定的历史人物或事件联系起来，如何通过巴黎了解法国历史，或者借助法国历史知识畅游巴黎，《巴黎传》这部书（董小川译，译林出版社2021年版）提供了一个绝佳的视角，也是认识巴黎的重要指南，它从古罗马时代的卢特提亚一直写到21世纪的大巴

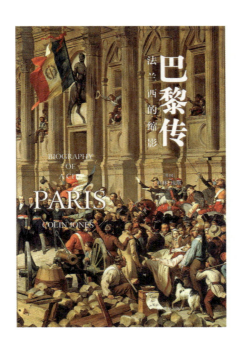

黎，将法国的历史与城市的景观结合起来，生动诙谐地讲述了一部巴黎史。

科林·琼斯是英国的法国史专家，任教于伦敦玛丽女王大学，还著有《剑桥插图法国史》《凡尔赛宫》《伟大民族》等多部著作，其叙事风格充满英式幽默，简明扼要而又不失辛辣讽刺。

名胜古迹：蒙马特和蒙巴纳斯

蒙马特高地据称是巴黎首任主教圣德尼于5世纪下葬之处。这里到1860年巴黎城市改造时才被划入巴黎市区，当时还不用向城市纳税，因此吸引了很多贫穷的画家、作家等来此居住，众多咖啡馆和小旅馆迅速兴起了。许多艺术家都曾在此生活，如雷诺阿、梵高、毕加索、达利等，他们使这里成为现代主义艺术的诞生地，印象派、后印象派、野兽派、立体主义、超现实主义等都是在这里得到发展的，这里在19世纪末成为艺术的圣地。黑猫夜总会和红磨坊也是在这里发展起来的。蒙马特也是巴黎公社起义的地方，随后这里建造了著名的圣心大教堂。

到20世纪20年代，巴黎的先锋文化中心从北边的蒙马特转移到了南边的蒙巴纳斯。这时期，各国的作家都涌入巴黎，如庞德、詹姆斯·乔伊斯、海明威、菲茨杰拉德、亨利·米勒、奥威尔，等等，他们在巴黎可以自由地创作和出版，如乔伊斯的《尤利西斯》和米勒的《北回归线》，分别于1922年和1934年在巴黎出版。蒙巴纳斯取代蒙马特成为巴黎的文化人集中地，尤其是这一带的咖啡馆，成为艺术家和知识分子流连忘返之地，也为其创作提供灵感源泉，如蒙巴纳斯大道102号穹顶咖啡馆、105号圆亭咖啡馆、108号圆顶咖啡馆，以及更东边171号的丁香园咖啡馆。海明威就是在丁香园咖啡馆里完成了《太阳照常升起》。他在里面写道："从塞纳河右岸乘出租车到蒙巴纳斯，无论你如何吩咐司机要去哪儿，司机都会一概把你拉到圆亭咖啡馆。"可见这里受欢迎的程度，但其实这里就位于十字路口，可能方便停车，而海明威更喜欢到隔壁的优选咖啡馆，它对面就是穹顶咖啡馆。而圆亭咖啡馆则是毕加索的最爱。20世

蒙马特高地的圣心大教堂，作者摄于2008年

雷诺阿笔下的蒙马特区，《红磨坊的舞会》，1876年

蒙巴纳斯大道108
号的圆顶咖啡馆

蒙巴纳斯171号的丁香园咖啡馆，靠近罗亚尔港地铁站

纪20年代的文人与这些咖啡馆有着密切的关系，与曾经的蒙马特一样，蒙巴纳斯的咖啡馆也对贫困文人艺术家很关照，因此也得到了慷慨的回报，即无与伦比的文艺氛围，一直延续至今。

　　这两个地方还各有两处公墓——蒙马特公墓和蒙巴纳斯公墓，在那里可以惊喜地找到许多名人的墓地。

第五章　开疆拓土

　　法国的边疆在何处？今天看来，似乎就是北边的英吉利海峡（法国的称呼与英国不同，为"拉芒什海峡"）、东边的汝拉山-孚日山、南边的阿尔卑斯山和比利牛斯山，以及西边的大西洋。法国人曾声称法国的东部边疆一直延伸到莱茵河，构成其"自然疆界"，有意思的是，德国的国歌至今还声称德意志的西部疆界在流经法国的马斯河，与法国人主张莱茵河是法国的东部疆界可谓遥相呼应。

　　不过，这些疆界也不是从来就属于法国的，而是在漫长的岁月里，由法国人一点点征服的，并且将之整合进法兰西的国土中。

　　法兰西究竟在哪里？在中世纪，它曾经只是巴黎周边的区域，但是在封建时代，王权与教权联手，法兰西迅速向外扩张，并且与周边的国家发生了越来越激烈的冲突。北边的英国、东边的德意志、南边的意大利和西班牙，正是在与这些国家斗争的过程中，法国一点点将边疆地带转化成为"四裔之地"，逐渐完成了"法兰西"的整合，令法国国土如今看上去像一个完美的六边形，每边长都为1 000公里，因此也被称作"对称六边形"（Hexagone）。

我们下面来看看法国是如何通过一系列征战统合它的国土的。

北方劲敌——英国

14世纪，法国与英国的恩怨已经持续了两个世纪，从12世纪跨英吉利海峡的安茹帝国形成，到13世纪腓力二世整合法兰西国土，英国在法国北部的领地几乎全部失去，只剩下西南部的阿基坦和加斯科涅。腓力四世曾短暂兼并加斯科涅，但最后不得已又归还给英国。后来的法国国王也被迫将这两块领地继续封给作为封臣的英王。

法国王位问题也引发了争议。1328年，法国卡佩王朝绝嗣，支脉瓦卢瓦家族的腓力六世继位，开启了法国的瓦卢瓦王朝。但英王爱德华三世认为自己是法王腓力四世的外孙，也有理由继承法国王位，况且他在法国还有大片领地，完全有可能重现安茹帝国时的辉煌。然而法国根据《萨利克法典》女系不能继位的规定拒绝了他对王位的要求。

法国东北方向的弗兰德尔是法国梦寐以求的富庶之地，这里一向是英国羊毛输入欧陆的重要转口地，发达的呢绒业也使这里非常富裕，因此，对英国和法国而言，这里的经济和战略地位都非常重要。腓力四世1302年曾对这里用兵，但遭到惨败。到1328年，在弗兰德尔伯爵请求下，腓力六世又来此镇压当地的城市起义，进而直接进行统治，但是，不久，英王爱德华三世也针锋相对地禁止向弗兰德尔出口英国羊毛，引发经济危机。

1337年，腓力六世没收英王在法国的所有封地，爱德华三世也重申对法国王位的要求，于是长达百余年的百年战争由此爆发。

英国首先凭借强大的海军力量侵入法国。1340年6月，在弗兰德尔近海的斯鲁伊斯，英国海军击败了兵力多于己方的法国舰队，得以借道弗兰德尔进攻法国本土。但此后几年里，英军缺乏财政支持，无法继续作战。直到1346年，爱德华三世才率兵抵达法国北部海岸，接着在克雷西同法国进行会战，英国出动了1万名弓箭手和步兵，而法国方面有2万名骑士参战，结果英军以极小的损失大胜法军，法国骑士损失惨重。英军乘胜追击，紧接着攻打北边的加来，经过长达7个月的围城战，加来最终失陷，法国这个位置极其优良的贸易港口和军事据点就这样丢给了英国人，并且一丢就是两百多年。

此后，由于黑死病肆虐，双方停战10年。1356年，战端又起，这次战场转到了法国西南部。英军由英王"黑太子"爱德华领兵，还得到阿基坦和加斯科涅领地的支援，在普瓦提埃附近击溃法军，而且还俘虏了法王约翰二世以及大批法国贵族。1360年，法国不得不与英国签订丧权辱国的《布雷蒂尼和约》，向英国缴纳大笔赎金，承认英国对加来的占领，并割让卢瓦尔河以南的全部领土。

至此，百年战争第一阶段，以法国彻底失败而告终。1364年，法王约翰二世死在英国，查理五世继位后，励精图治，利用割地和约换来的时间进行军事改革，雇佣大量步兵，决定向英国复仇。

1369年，百年战争进入第二阶段，这时法军元气有所恢复，他们还改变了战术，放弃了过去的正面对决，转而以游击部队不断袭击英军。法军让英军长驱直入，然后再据守要塞，各个击破。这一战术非常有效，到1380年，法国收复了普瓦提埃、布列塔尼以及其他大部分失地，只剩加来、布雷斯特、波尔多等港口还在英军手中。

就在法国步步紧逼，大有统一全部领土之势时，法国王室又出现了问题。查理五世的继承者查理六世幼年即位，且患有疯病，两大贵族集团勃艮第派和奥尔良派（阿马尼亚克派）开始争权夺利，查理六世形同傀儡。

英国也趁此良机重启战端，并与希望利用英军为自己夺取法国最高权力的勃艮第派结为联盟。1415年，英军在法国北部的阿金库尔一役中以少胜多，以大量长弓手战胜了法军，紧接着重新占领整个诺曼底。勃艮第派此时也控制了巴黎。

1420年，英国迫使法国签订了《特鲁瓦和约》，据此和约，查理六世之女嫁给英王亨利五世，查理六世死后将由亨利五世即法王位。可是两年后，查理六世和亨利五世却几乎同时去世，于是英王继承者亨利六世在法国北部宣布成为法国国王，逃到南方的法王之子查理七世也不肯放弃王位，于是出现了南北两个法国国王的对抗。

1428年10月，英军开始围攻奥尔良。奥尔良位于卢瓦尔河上，是通往法国南部的门户，彼时，整个法国北部都已经沦陷于英国统治之下，一旦奥尔良失守，法国南部将全部暴露在英军面前，那样法国就将彻底亡国。因此，奥尔良之战成为英法决战的关键。

这时候，法国出现了一位重要历史人物——贞德（Jeanne d'Arc, 1412—1431），这个农家女孩被视作法国救亡图存和民族意识的象征，她代表了这时期兴起的前所未有的民族热情和救亡运动。据说，贞德出生于法国东部香槟和洛林的交界处，从小感受法国人民的抗英情绪，她在13岁时见证上帝显现，委派她拯救法国。1429年，她面见查理七世，说服查理七世让她带兵去解救奥

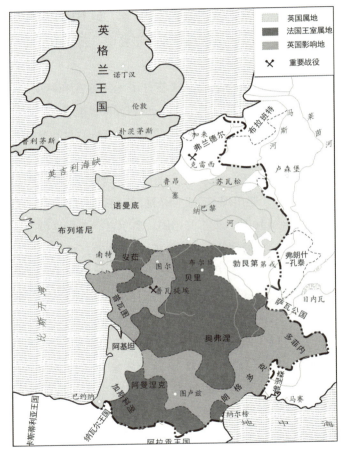

百年战争第一阶段

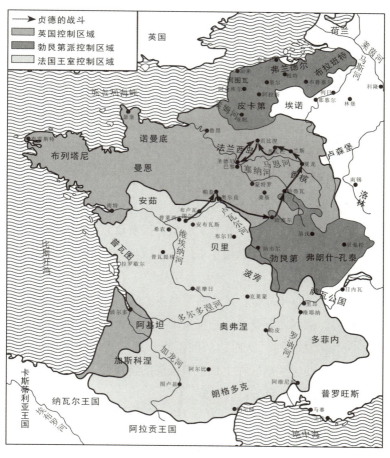

图例：
→ 贞德的战斗
■ 英国控制区域
■ 勃艮第派控制区域
□ 法国王室控制区域

英国
荷兰
莱茵河
马斯河

弗兰德尔
布拉班特
科隆
埃诺
耶慕尔
林堡
卢森堡
洛林
南锡

皮卡第
英吉利海峡
诺曼底
加那斯特
布列塔尼
曼恩
南特

法兰西岛
圣德尼
巴黎
塞纳河
马恩河
香槟
兰斯
夏龙
蒙特罗
桑斯
鲁瓦

安茹
帕泰
奥尔良
卢瓦尔河
维埃纳河
贝里
波旁
第戎
勃艮第
弗朗什-孔泰
贝桑松

普瓦图
拉罗歇尔
希农
普瓦提埃
安布瓦斯
布尔日
里摩日
克莱蒙
多尔多涅河
奥弗涅
勒皮
罗讷河
多菲内
维耶纳
日内瓦
瓦公国

阿基坦
波尔多
加斯科涅
加龙河
阿尔比
图卢兹
朗格多克
阿维尼翁
普罗旺斯
马赛
地中海

卡斯蒂利亚王国
纳瓦尔王国
比斯开湾
阿拉贡王国

百年战争第二阶段

尔良之围。同年5月，贞德率领的军队奇迹般地战胜了围攻奥尔良的英军，并且乘胜追击，连克数城，扭转了局势。7月，法军攻下兰斯，查理七世在兰斯大教堂加冕，正式成为法国国王，而贞德侍卫在查理七世身边，成为法国反英斗争的代表。贞德的影响越来越大，敌人深感畏惧。在勃艮第派和英军的串通勾结下，贞德被俘虏到鲁昂，作为女巫被交给宗教裁判所，最终于1431年以异端的罪名被处以火刑。

但是，英军在法国显然大势已去。勃艮第派眼看局势不妙，转而急忙与查理七世修好，承认查理七世为法国国王，但保持索姆河及以东勃艮第领地的独立。1437年，法军北上，迅速光复了巴黎，接着攻克香槟、诺曼底等失地，1453年，波尔多的英军投降，加来以外的法国全部被统一。至此，英法百年战争终于结束。

经过百年战争，英法两国基本上理清了两国之间的边界。法国尤其受益，它将英国在欧洲大陆上的领地彻底并入法兰西。从西边的阿基坦，到北边的诺曼底一带，即便这些地区在文化上有很强的特殊性，但它们已然成为法国不可分割的部分。

东边的勃艮第

瓦卢瓦王朝面临的一个重要对手和分裂势力，就是

148

辉煌一时的勃艮第公国。

第一个勃艮第国家是日耳曼民族大迁徙时由勃艮第人建立的，以里昂为中心，534年，被法兰克人兼并，成为法兰克王国的一部分。843年《凡尔登条约》签订，勃艮第又成为中法兰克王国的组成部分，但随后它又一分为二，大致以罗讷河为界，西侧为勃艮第公国，以第戎为首府，东侧为勃艮第伯国，以贝桑松为首府。二者分别由法国和神圣罗马帝国所统治。

法国对勃艮第地区始终虎视眈眈，想要对其施加更大的影响。1016年，法国国王亨利一世将勃艮第公国封给其弟，开始了卡佩王朝对勃艮第的统治，直到1361年绝嗣而告终。接着，瓦卢瓦王朝的法国国王约翰二世又将勃艮第公国封给了幼子勇敢的腓力从而开启了勃艮第的辉煌时代。

勇敢的腓力及其几代子孙都有着雄心壮志，他们都怀有重建一个强大的王国的梦想，但是这需要辛苦细心的经营。腓力因军功获得勃艮第领地后，首先在1368年与弗兰德尔的女继承者玛格丽特结婚，通过联姻获得了弗兰德尔的大片领地，接着他在1384年通过依附神圣罗马帝国，获得勃艮第伯国，成为帝国的封臣。这样一来，勃艮第成了骑墙的国家，企图在法国和德国之间找到一个独立的位置。

腓力为后世打下了坚实的基础，开创了好的起点，但他仍忠于法国国王。不过，他儿子无畏的约翰，孙子善良的腓力和曾孙大胆的查理，就力图摆脱法国国王的控制了，几代人在此后一个多世纪里都不断致力于扩张这个夹缝中的王国，努力摆脱对法国和神圣罗马帝国的依附。历代公爵尤其反对法国对勃艮第的觊觎，他们认为法国王室的野心更为危险，因此始终坚决抵制法国国王对勃艮第的介入和干涉。无畏的约翰同奥尔良公爵争夺患病的法国国王查理六世的摄政权，并且在百年战争中也站到了法国的对立面，同英国人结盟，共同对付法国。然而，法国国王绝对不能容忍这种眼皮底下的挑衅，虽然法王和勃艮第公爵同祖同宗，但是国王把任何形式的分裂行为都视同叛变，最终无畏的约翰遇刺身亡。

此后，善良的腓力有所收敛，他遇到了强大的法国国王路易十一，因此，不得不把很多土地让给法王。但是，他在位时期的勃艮第宫廷也是重要的文化活动中心，腓力热心赞助艺术，低地地区大量的艺术家都在公爵府服务，创作了许多宝贵的艺术品，也有许多文学家和编年史家详细地记载了勃艮第公国的辉煌。

勃艮第的兴衰转折点是1477年的南锡之战，最后一任公爵大胆的查理就死于是役。这一战最终打破了勃艮第人的独立梦想，但即使在勃艮第失败以后，法国也没有立刻完全吞并勃艮第。法国国王本想撮合自己的继承人与勃艮第女继承者玛丽联姻，但失败了，玛丽最终与

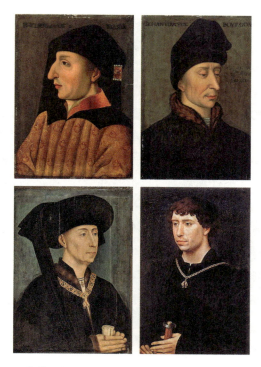

四代勃艮第公爵缔造了辉煌的勃艮第文化，更是"北方文艺复兴"的赞助人和重要推手

哈布斯堡王朝的马克西米利安结婚，包括勃艮第和低地地区在内的大片领地都落入了神圣罗马帝国的手中，等到1678年路易十四时代，法国才能如愿以偿地兼并这里。其间的历史值得展开细说。

到勃艮第公国的第四任公爵大胆的查理在位时，勃艮第王朝已经病入膏肓了。

查理同他的父亲善良的腓力一样，疲于应付强大的路易十一。路易十一号称"蜘蛛国王"，在位时期大力进行法国国土的统一和整合。查理同其父亲的不同在于，他不像腓力那样热衷于赞助艺术和讲究排场，而是务实地进行了军事改革，并于1465年同其他贵族组织"公益同盟"，共同讨伐路易十一，迫使后者签订和约，路易十一甚至被查理俘虏过，但是在老谋深算的路易十一面前，查理还是难免显得稚嫩。他本以为一纸条约可以限制法国国王的扩张步伐，但是路易十一采取了挑拨离间的方式，分化勃艮第与其他公国，并且背信弃义地撕毁了和约，重开战端。查理对低地城市和瑞士的战争也使他逐渐陷入四面楚歌之中，勃艮第的领地上叛乱频发。

1476年年底，勃艮第公国重要城市南锡被洛林军队攻下，查理立即率领一万多人进行反攻，却发现敌人的兵力远远多于他的人马，敌军还包括受到法国支持的瑞士雇佣军。而且，路易十一还买通了查理的盟友英王爱德华四世，使其临阵退兵。不过，大胆的查理无愧于大胆这个称号，他临危不惧，准备同强敌决一死战。

但是，多年征战已经使勃艮第国库捉襟见肘，同法国、瑞士及低地的连年战争也频频失败，并且招来更多的敌人。查理的军队已经不像过去那样强大而全面了，弩兵和炮兵不足，只好以长枪兵补缺，查理也不相信雇佣兵和骑士，他让骑士都下马，作为步兵战斗，他认为，只有这样，才能抵挡住凶猛的瑞士雇佣兵。总体布局就是弩兵和炮兵居中央，下马骑士位于侧翼，希望将敌人从两侧赶到中央，然后集中火力进行歼灭。

1477年1月5日，战争开始了。查理万万没有想到，瑞士人非常狡猾地一改往常的战术，没有正面进攻，而是从侧翼迂回。洛林士兵和瑞士士兵组成的一万多人穿过森林和雪地，突然出现在勃艮第军队左翼后方的峡谷上，然后从高处发动了冲锋。面对这种局面，勃艮第人已经来不及再调动部队支援左翼了，之前已部署好的弩和炮，射界也都覆盖不到这里。

面对突如其来的变化，查理冷静应对，他迅速调集部队对左翼进行支援，弩兵和炮兵也迅速转向这里，同骑士们一道同敌人展开战斗。如果来袭的敌人仅仅是洛林士兵的话，查理还是有可能赢得战争的，但是，不幸的是，他面对的是不怕死的瑞士雇佣兵。在洛林士兵退却时，瑞士人仍然顽强战斗，面对弓弩和火炮毫不畏惧，并且勇往直前突入到勃艮第的阵线中展开肉搏，在瑞士长枪方阵的快速进逼下，勃艮第的远程武器也失去了作用。勃艮第最终战败。

在这场血腥的战役中，双方死伤士兵不计其数，而在打扫战场的时候，人们也发现了查理的尸体，这位大

《南锡战役》，德拉克鲁瓦绘制于1831年

胆的公爵也与他的士兵们一道战死沙场。同他一起逝去
的还有他的国家。查理留下的女继承人不久便嫁给了神
圣罗马帝国皇帝，嫁妆就是整个勃艮第公国。

　　勃艮第女继承人与神圣罗马帝国皇帝联姻，打乱了
路易十一兼并勃艮第所有属地的计划，但他审时度势，
收回了勃艮第公国和皮卡第，然后通过其儿子与奥地利
公主的联姻，获得了勃艮第伯国和阿图瓦。对于其他诸

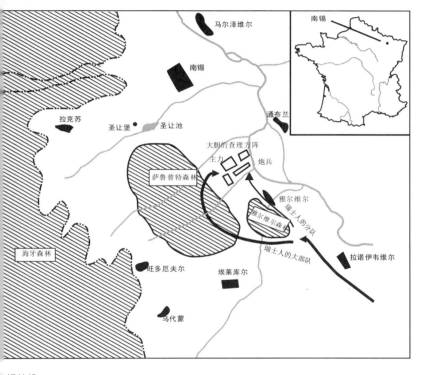

马尔泽维尔

南锡

南锡

拉克苏 圣让堡 ● 圣让池 通布兰

大胆的查理方阵

主力 炮兵

萨鲁普特森林 雅尔维尔

瑞士人的分队

维尔维尔森林

海牙森林 瑞士人的大部队 拉诺伊韦维尔

旺多厄夫尔 埃莱库尔

马代蒙

南锡战役

155

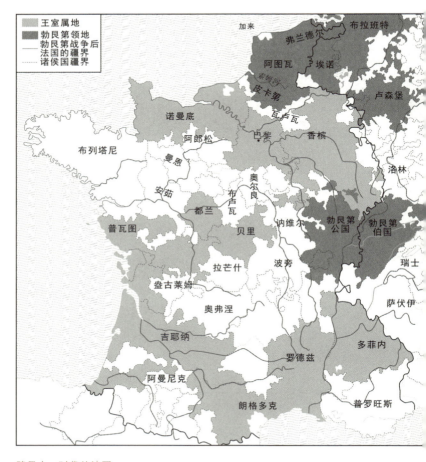

王室属地
勃艮第领地
勃艮第战争后
法国的疆界
诸侯国疆界

加来

布拉班特

弗兰德尔

埃诺

阿图瓦

卢森堡

索姆河

皮卡第

诺曼底

瓦卢瓦

布列塔尼

阿郎松

巴黎

香槟

洛林

曼恩

安茹

奥尔良

都兰

布卢瓦

讷维尔

勃艮第公国

勃艮第伯国

贝里

普瓦图

瑞士

拉芒什

波旁

盎古莱姆

奥弗涅

萨伏伊

吉耶纳

多菲内

罗德兹

阿曼尼克

朗格多克

普罗旺斯

路易十一时代的法国

156

侯，他也自有一套计划在胸中，他将两个女儿分别嫁给波旁公爵和奥尔良公爵的继承人，换取他们俯首帖耳，安茹伯爵死后，路易十一又夺回了安茹、曼恩和普罗旺斯等领地，除了布列塔尼公国，基本上实现了法国的统一。

有人称路易十一奸诈狡猾，也有人称其为法国领土的整合者，但是他在统一法国领土的过程中，不仅使用武力，还利用多种外交手段，用最小代价达到自己的目的。到1477年时，他的努力已成果卓著，王室直辖领地已从若干"孤岛"连成了整个"大陆"。而其谨慎机智、纵横捭阖的行事方式，则为其赢得了"蜘蛛国王"的称号。

意 大 利 战 争

蜘蛛国王路易十一基本整合了全国领地，摆脱了勃艮第公国带来的威胁，国王的力量和地位都大为上升。他的继承人查理八世与布列塔尼公国女继承人联姻，完全保证了国内安全。此后，法国开始寻求向外扩张。这时的意大利正是欧洲列强争相掠夺的目标，法国于是也充满热情地投身其中，开始了长达65年的意大利战争。

早在1480年，路易十一就继承了安茹家族在那不勒斯的遗产，但直到查理八世时才公开宣称要求继承那不勒斯王位。米兰等公国依附法国，查理八世也通过割让土地事先获取了阿拉贡国王和神圣罗马帝国皇帝的默许，但他们却早已对西西里和威尼斯虎视眈眈，所以当查理八世真正采取行动时，他们就不是那么客气了。

1494年，查理八世率军翻越阿尔卑斯山，很快穿过了米兰和佛罗伦萨，占领了那不勒斯。但是这时，教皇同神圣罗马帝国、阿拉贡、米兰和威尼斯结成联盟，击败了查理八世，迫使法军退出意大利。1498年，查理八世郁郁而终。

随后继位的路易十二再次高扬意大利战争的大旗，他再度攻入意大利，占领米兰和那不勒斯。路易十二与阿拉贡国王共同夺取那不勒斯，但事后分赃时又相互打起仗来，结果法军战败。占领米兰后，教皇唆使路易十二与威尼斯相互攻伐，当法军获胜后，教皇却在1511年组织起反法的神圣同盟，威尼斯、阿拉贡、瑞士和英国加入，共同对法作战。1512年4月，法军与神圣同盟在拉文纳开战，取得了胜利。但在多方面的压力下，路易十二最终没能在意大利成功立足，再次退出了意大利。

1515年，弗朗索瓦一世成为法国国王。这时，他面临的对手是一个日趋庞大的哈布斯堡王朝，神圣罗马帝国皇帝查理五世成为多方联姻的集大成者，拥有西班

弗朗索瓦一世是法国文艺复兴的赞助人，将晚年的达·芬奇接到法国养老，从而使名画《蒙娜丽莎》得以留在法国，藏于卢浮宫。他的死对头、神圣罗马帝国皇帝查理五世则大力赞助提香。两个君主不仅在文治武功上较劲了一辈子，还在艺术赞助上一决高下

牙、那不勒斯、弗朗什-孔泰、低地地区，构成了对法国的包围，还要求兼并勃艮第故地——法国的阿图瓦、皮卡第和普罗旺斯。面对这样一个强大的对手，弗朗索瓦一世不得不积极应战，而战场就在意大利。

弗朗索瓦一世即位之初，法军击败米兰公爵和瑞士的联军，占领米兰，同瑞士签订《永久和约》。法国同教皇也结成了同盟，并试图与英国也结成盟友，但是

接下来的战局中，法国进展并不顺利，内外交困，弗朗索瓦一世本人也在1525年的帕维亚之战中成了查理五世的俘虏，被迫放弃了米兰、那不勒斯以及勃艮第故地。

弗朗索瓦一世随后展开了外交战。他同教皇、威尼斯、佛罗伦萨和米兰结成了同盟，并向反对查理五世的德意志新教诸侯的施马尔卡尔登联盟伸出援手，同时还与查理五世的死对头奥斯曼土耳其结盟，与苏丹苏莱曼大帝缔结互惠条约，同时鼓动北非阿拉伯人打击西班牙的海上力量。弗朗索瓦一世终生都在谋划与哈布斯堡帝国对抗，达到势均力敌，但在意大利战争方面并没有太多进展。

弗朗索瓦一世的继承人亨利二世时期，意大利战争继续进行，只是战场转移到了法国东北部。1552年，法军夺取梅斯、图尔和凡尔登三个主教辖区，1558年，洛林公爵吉斯兄弟帮助国王军队战胜了神圣罗马帝国军队，夺得卢森堡，此外，法国还将加来夺回。

最终，1559年，精疲力竭的法国不得不放弃意大利，亨利二世同西班牙国王腓力二世签订了《卡托-康布雷济和约》，确认法国对三个主教辖区的占领，但法国须放弃对意大利的要求。从此，西班牙获得了对意大利的支配地位，而法国四代国王前赴后继的意大利战争最终失败。西班牙也将成为法国的头号敌人。

瓦萨里于1570年在佛罗伦萨市政厅绘制的壁画，描绘了1554年马西亚诺之战中佛罗伦萨如何征服锡耶纳，而当时锡耶纳正好是由法国军队负责防御的

挑 战 西 班 牙

朗格多克-鲁西永是法国与西班牙之间长期争夺的区域，亦称北加泰罗尼亚，主要包括今天法国的朗格多克鲁西永大区和南比利牛斯大区。朗格多克的意思是"说奥克语的地区"，泛指法国南部将法语中的"是"说成"oc"而非北方的"oui"的地区，这种法语方言与西

班牙语加泰罗尼亚方言非常相近。朗格多克和鲁西永地区曾一度同属于鲁西永伯国，其首府为佩皮尼昂。这片区域的重要城市还包括蒙彼利埃、纳尔榜、尼姆、贝济耶等。在其西面的是南比利牛斯地区，首府为图卢兹。

这里在古罗马时期属于山北高卢行省，中世纪早期先后被汪达尔人和西哥特人统治过，8世纪初被摩尔人征服，其后查理曼又将这里并入法兰克王国，在封建关系上，属图卢兹伯爵管辖。随着加洛林王朝衰落瓦解，这里出现完全独立的领主，仅名义上拥戴法国国王，实际上统治着许多现属法国的领地。然而，图卢兹伯爵统治下的各个子爵都拥有不弱的实力，而且南方的地势容易形成割据政权，各个领地错综复杂，且与外部地区勾连密切。

12世纪时，图卢兹伯爵南边受到巴塞罗那伯爵-阿拉贡国王的威胁，北边受到阿基坦公爵-英国国王的打击。当时的巴塞罗那与阿拉贡联姻，阿基坦公爵由英国国王兼任，他们对夹在中间的图卢兹伯爵构成了致命的冲击。无奈之下，图卢兹伯爵只好向法国国王路易七世寻求帮助，伯爵之妻正是路易七世之妹。1159年，路易七世向南出兵，在图卢兹一战中帮助伯爵打败了外来势力，终结了"西班牙人"和"英国人"的野心。但是，伯爵却被野心勃勃的地方家族势力困扰，不得不将朗格多克这块地区拱手让给法国王室。

在13世纪初的阿尔比十字军运动之后，图卢兹伯国和朗格多克地区进一步归顺了法国王室。不过，其南部的鲁西永的平定却颇费时日。

鲁西永地区与巴塞罗那有着千丝万缕的关系。首先，这里要提到的是巴塞罗那伯国。这个伯国最初是加洛林王朝查理曼南下西班牙进行征服战争时所设的西班牙边区，边区伯爵为法兰克王国戍守边防，首府为巴塞罗那。鲁西永早在1172年就被转让给了巴塞罗那伯爵。13世纪，巴塞罗那出现了一个强大的伯爵，这就是海梅一世，他也是西班牙阿拉贡王国的国王。海梅一世是个极有野心，又极有能力的统治者，他希望重新达到西哥特人的成就，建立一个跨越比利牛斯山的王国，因此，他不断侵蚀其国土以北的法国领地。法国国王路易九世不得不于1258年同海梅一世缔结《科尔贝依条约》，商量两国边界问题。路易九世将巴塞罗那和鲁西永的宗主权拱手让给阿拉贡国王海梅一世，以此换取海梅一世放弃对比利牛斯山以北地区的领土要求，但海梅的出生地蒙彼利埃除外。

然而，海梅一世最终还是在1276年建立了庞大的马约卡王国，以西班牙的巴利阿里群岛中的马约卡岛为中心，将佩皮尼昂作为其在大陆上的首府，势力远达比利牛斯山以北。海梅死后，马约卡王国解体，但佩皮尼昂等鲁西永领地随巴塞罗那又转到了阿拉贡王室手中，继续作为阿拉贡王国的一部分。

直到1463年，法国的蜘蛛国王路易十一攻占了这里，将其合并进法国的领土。但这里反抗法国人统治的起义不断。而且好景不长，15世纪末，为了顺利进行意大利战争，查理八世又将这里归还给了西班牙国王费迪南二世。

16世纪上半叶，西班牙国王查理五世与法国国王弗朗索瓦一世斗争不已，16世纪下半叶，西班牙国王腓力二世则秘密干涉法国内政，支持吉斯家族对抗王室和新教徒，这不仅是因为天主教西班牙与新教势不两立，更是因为新教势力纳瓦尔国王位于西班牙北部边境，被西班牙国王视为己有。直到纳瓦尔的亨利入主巴黎，建立波旁王朝。进入17世纪，法国与西班牙依然势同水火，只是这时候，西班牙开始慢慢衰落，而法国则逐渐变强。

最关键的一仗是罗克鲁瓦战役。

1643年5月18日，西班牙从低地地区调兵遣将，前往法国作战。西班牙无往不胜的低地军团主要以步兵长枪方阵为主，被誉为"步兵之花"，兵力近2.8万人，30门火炮，西班牙军队在向巴黎进军的途中，围攻罗克鲁瓦要塞，并在这里与孔代亲王元帅指挥的法军对阵。法军集结将近2.3万人，12门火炮，赶往这里解围。

罗克鲁瓦四面都是森林，只有一条小道通行。西班牙军队将领德梅洛将军自恃军力较强，任由法军穿过小道，进入罗克鲁瓦安营扎寨，他决定在开阔地上一举歼灭法军，使对方无法撤退。殊不知，这一算计却没能奏效。次日，双方以炮兵互射开始了战役，双方骑兵也互有胜负，但直到黄昏战斗还处在僵持阶段。西班牙虽然最后只剩下了步兵方阵，但配合中央的火炮，仍然能够

委拉斯开兹完成于1635年的名画《布列达的投降》。事实上，他所描绘的西班牙1625年的胜利并没有持续多久，布列达很快就被荷兰人攻占，在荷兰和法国共同打击下，西班牙每况愈下

顽强坚持。孔代大胆地决定派骑兵从后方偷袭敌人，同时以强大的火炮轰击西班牙方阵。最终，西班牙的步兵军团被歼灭，主帅也阵亡，西班牙士兵在开阔地上无法撤退，成为法军的活靶子，死伤惨重。

这是一场大战，欧陆霸主西班牙的"步兵之花"被摧毁，随之而去的是西班牙的霸权，新兴的法国称霸欧洲的时代也宣告到来。

推荐书目：皮埃尔·诺拉主编的《记忆之场》

　　这部三卷本的大书是法国影响最大的历史著作之一，也是近三十年法国集体记忆史研究的重大成果。该书以诺拉提出的"记忆之场"概念为核心，探讨了法国人关于国家、民族、共和的记忆及其演变，通过埃菲尔铁塔、马赛曲、国庆日、环法自行车大赛等象征，辨析法国民族国家认同的历史变迁。中译本（黄艳红等译，

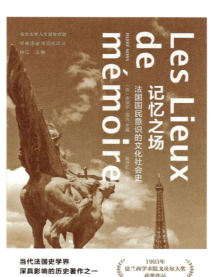

南京大学出版社2020年版）是从原书三大卷近五千页中精心选取的11篇文章，以期管窥这部厚重的大书，兼具思想性和可读性。近年以来，我国学者正在翻译《记忆之场》全本。2025年1月，南京大学出版社推出了《记忆之场》第一卷和第二卷。

皮埃尔·诺拉是法国著名历史学家，著有《阿尔及利亚的法国人》《现在、国民、记忆》等。他主编的《记忆之场》在1993年获得法国最高国家学术奖，他本人则于2001年当选法兰西学院院士。

名胜古迹：塞尔达涅

　　这座比利牛斯山深处的小城，是法国的一块飞地。法国在1643年的罗克鲁瓦战役中战胜西班牙，并且在1648年的《威斯特伐利亚和约》中获得了可观的战果，但是，法国的崛起和西班牙的坚持仍然是此后半个世纪法西对决的主要矛盾，双方继续较量，在一系列战争之后，于1659年签署了《比利牛斯条约》。在条约中，西

塞尔达涅小城，作者摄于2023年

塞尔达涅山顶的堡垒，作者摄于 2023 年

塞尔达涅的教堂内部，作者摄于 2023 年

班牙国王腓力四世割让给法国两处地方，一处是西属尼德兰，即法国北部的阿图瓦，另一处是比利牛斯山东段与地中海交界处的鲁西永和塞尔达涅。《比利牛斯条约》还规定法国与西班牙王室联姻，这为此后西班牙王位继承问题埋下了隐患，导致了18世纪初的西班牙王位继承战争和法国波旁家族入主西班牙。法国进一步扩展疆界，为其此后在欧洲称霸做足了准备，而西班牙帝国和哈布斯堡帝国的霸权梦想彻底破灭。

小城塞尔达涅紧挨着西班牙加泰罗尼亚，从巴塞罗那驱车北上就能到达这里，这里完全被西班牙的领土包围，但依然悬挂着法国国旗。在这个小城，可以思考周围的区域何以成为法国的飞地，并且凭吊17世纪欧洲的大变局时代。西班牙帝国的衰落和法国的崛起，是那个时期的主旋律。

第六章　法国的黄金时代

在巴黎奥运会开幕式中，一个女性捧着自己刚被砍下来的"头颅"，出现在场上，令人惊愕万分，但对法国历史稍微有些了解的人都知道，她就是玛丽·安托瓦内特，在法国大革命中随同她的丈夫、国王路易十六被革命者砍了头。

说起王后玛丽·安托瓦内特，还可以牵连出当时的欧洲局势。她嫁给法国王太子，实际上是奥地利"外交革命"的一部分。随着17世纪西班牙衰落，崛起的法国很快如日中天，波旁家族甚至入主西班牙王位，这令与西班牙王室同属哈布斯堡家族的奥地利愤怒地组成反法同盟，但是同盟屡战屡败，法国则愈战愈强，加上身后还有普鲁士兴起，于是，奥地利在王位继承战争后决定向法国抛出橄榄枝，放弃了长期以来带头反法的角色。法奥结盟的重要结果之一，就是奥地利君主将女儿玛丽·安托瓦内特嫁给法国王太子，即后来的路易十六。

两人于1770年结婚。人们没有想到的是，24年后，他们就被送上了断头台。但是，很多文人都对这名王后充满好感，如雨果、大仲马、茨威格，都曾为她立传，这说明了这名女性的复杂性和传奇性。

不过，玛丽·安托瓦内特时代，法国的黄金时代也基本上走到尽头，甚至被称作"旧制度"，从而与法国大革命开启的新时代区别。不过，在此之前的一百多年中，甚至到19世纪初，从挑战并取代西班牙开始，到拿破仑称雄欧洲，法国一步步走向自己的神坛，成为欧洲的霸主，刻画了自己浓墨重彩的黄金时代。

《玛丽·安托瓦内特被押赴刑场》，藏于法国维济勒的法国大革命博物馆

取代西班牙

罗克鲁瓦之战只是三十年战争中法西对决的一部分，欧陆的这两个主要对手即使在1648年三十年战争结束之后仍然耽于战事。西班牙毕竟是积累了数个世纪的帝国，对于想要争霸的法国来说，只有完全征服伊比利亚半岛才可以完成自己的霸主理想。

16—17世纪法国在欧陆的主要敌人始终是哈布斯堡王朝，后者从三个方向对法国构成了严重威胁：北边是

来自法国东部洛林地区的画家乔治·德·拉图尔于1635创作了《方块A的作弊者》，其中的光线明暗手法效仿卡拉瓦乔，德·拉图尔的神秘性深受当时人推崇，但路易十四时代以后法国宫廷喜好的转变使他的画作不再流行

西班牙君主的领地低地地区，东边是奥地利君主的领地弗朗什-孔泰，南边就是西班牙。因此，整个17世纪，法国的目标都直指这三个地区。

1643年，法国在罗克鲁瓦战役中战胜了西班牙的"步兵之花"，此后，直至1648年各国缔结《威斯特伐利亚和约》，法国逐渐逼迫西班牙退出低地地区，同时也兼并了阿尔萨斯的大片领土，但是这只是法国在低地地区战胜了西班牙，还需要进一步打击西班牙，以确立法国的霸主地位。

这一时期的法西对决也可以看作三十年战争的延续，并且是跟法国的内战投石党战争密切联系在一起的。法国国内主要是由红衣主教马扎然和年幼国王路易十四的母亲安娜太后执政，引起许多贵族的不满。他们从1648年开始组织投石党，反对马扎然的擅权专政。而三十年战争中功勋卓著的两大元帅——蒂雷纳子爵和孔代亲王最初都是投石党的领袖。

当投石党战争开始后，孔代亲王被马扎然逮捕入狱，而蒂雷纳则逃往荷兰，取得法国的对手西班牙的支持，带领西班牙军队进攻法国，但被法军挫败。不过，1651年，马扎然宣布退隐，孔代亲王被释放，蒂雷纳也回到了法国，第一次投石党战争结束。

但是，不久，内战再次爆发，这次孔代亲王站到了投石党的一边，进攻巴黎，迫使国王和太后逃离巴黎，而且孔代亲王还投入西班牙阵营。蒂雷纳却摇身一变，成为王室支持者，与孔代亲王及其盟友西班牙人作战。这两个在三十年战争中并肩作战的朋友至此成为战场上的敌人，双方在巴黎城外的拉锯战持续了很久。这阶段最重要的战役是1654年夏天的阿拉斯之役，蒂雷纳在阿拉斯要塞抵抗孔代亲王率领的西班牙军队进攻，并且得到另一支法军的驰援。法军决定夜袭孔代亲王军驻地，攻破对方阵营，但孔代亲王很快反应过来，立即整顿军队进行反攻，击溃其中一支法军。蒂雷纳稳住阵脚，与此时来援的第三支法军共同围攻孔代，导致孔代亲王的西班牙军损失惨重。

此后，双方还有几次交战。但是，西班牙一方委任国王腓力四世的私生子唐·胡安为统帅，孔代亲王为副手，这极大掣肘了孔代亲王的作为。1658年的敦刻尔克会战最终决定了战争的胜负。蒂雷纳率英法联军围攻敦刻尔克要塞，驻兵布鲁塞尔的唐·胡安前去解围，但是没有听从孔代亲王的苦谏，坚持会战。最终，蒂雷纳发现敌方弱点，在英国军舰炮火支援下，从右翼攻破了西班牙的战线，敦刻尔克被法军攻下。

经过几轮战役，到1659年，法国通过一系列军事胜利和外交手腕，最终迫使西班牙签订了《比利牛斯和约》，承认法国占领北部低地地区的阿图瓦和南部法西边境的鲁西永，而且经过马扎然巧妙安排，20岁的路易十四与年幼的西班牙公主玛丽·泰蕾兹订婚,双方结成秦晋之好。为期十年的法西战争从此结束,而且为此后法国争夺西班牙的遗产提供了合理的借口。

1665年,西班牙国王腓力四世去世,路易十四立即以王后玛丽——腓力四世之女的名义要求继承西班牙君主在低地地区的其他领地。两年后,路易十四率领大军亲征低地地区,同这里的西班牙和荷兰军队作战。法军在蒂雷纳和孔代亲王的率领下迅速攻下里尔等城市,接着又转向东南,由孔代亲王率军在半个月之内攻占了弗朗什-孔泰境内的所有要塞。面对法国咄咄逼人的势头,荷兰与英国、瑞典缔结了反法同盟,迫使法国在1668年签订了《亚琛和约》。但法国因此得到了里尔、杜埃等低地地区的多处要塞。

路易十四并不满足,他大力扩充军队,积极备战。1672年,法军兵力增加了数倍,达到45万人。同年,法军入侵荷兰,荷兰执政奥兰治亲王不得已命令炸开堤坝,以海水阻挡法军,同时奥地利、西班牙、丹麦和德意志诸侯结成联盟,援助荷兰,对抗法国,这场战争持续了七年,最终以法国胜利告终。1678—1679年,法国分别同荷兰、西班牙和奥地利签订《奈梅亨条约》,法国获得弗朗什-孔泰和低地南部一些城市。这一条约,标志着法国在欧洲的霸权达到了最辉煌鼎盛的时期。

《路易十四画像》，亚森特·里乔德绘制

　　路易十四的扩张欲望并没有因此停歇，因为从低地地区到法国东北部之间还有许多富裕的独立城市。于是，此后几年里，他寻找各种历史依据，夺得卢森堡和弗兰德尔南部的许多城市。1681年9月30日，法国突然出兵强占了斯特拉斯堡，当时这里还是神圣罗马帝国阿尔萨斯地区的重镇，法国早已对阿尔萨斯虎视眈眈，当斯特拉斯堡被吞并后，德意志方面也无能为力，只能默认这一既成事实。路易十四为了对抗帝国，还命令沃邦元帅沿着莱茵河和马斯河修筑了一条要塞防线。

路易十四的肆意妄为，再次引发欧洲各国团结起来一致对法。1686年，由奥地利、西班牙、荷兰、瑞典结成反法的奥格斯堡同盟，由于荷兰执政奥兰治亲王威廉在1688年光荣革命后登上英国王位，因此，英国也被拉入了这个同盟。这样，几乎整个欧洲都联合起来反对法国，法国被迫于1697年在荷兰签订《里斯维克条约》，

在卢浮宫的中庭，可以看到路易十四的御用艺术家安东尼·柯塞沃克为其雕塑的骑在飞马上的神化形象

179

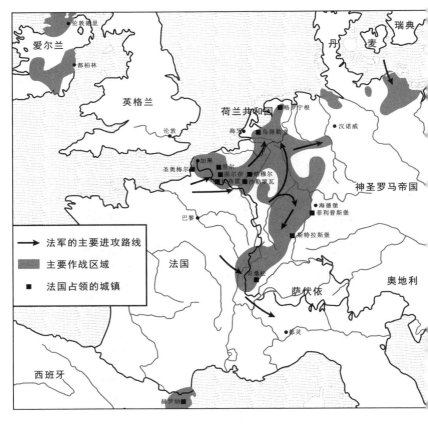

路易十四用兵

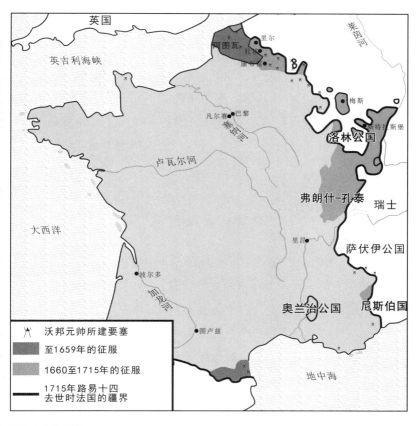

英吉利海峡

莱茵河

里尔
阿图瓦
杜埃
康布雷

梅斯

洛林公国

斯特拉斯堡

凡尔赛 巴黎
塞纳河

卢瓦尔河

大西洋

弗朗什-孔泰

瑞士

里昂

萨伏伊公国

波尔多

加龙河

尼斯伯国

奥兰治公国

图卢兹

地中海

⋏	沃邦元帅所建要塞
▨	至1659年的征服
▨	1660至1715年的征服
—	1715年路易十四 去世时法国的疆界

路易十四的征服

不得不吐出在《奈梅亨条约》之后吞并的土地，放弃沃邦元帅在莱茵河右岸修筑的几处要塞，并且承认威廉为英国国王。但是，法国最终还是保留了斯特拉斯堡，这个城市成为在法德之争中夺取的一个重要胜利果实。

经过路易十四的不懈努力，法国领土又有了很大扩张。对新并入的地区，如低地地区南部、阿尔萨斯、弗朗什-孔泰、鲁西永等，路易十四并不完全废除那里原来的制度，只是逐步地推行法国的法律，并且还发展黎塞留时期创设的"四裔学校"，使这些地方逐渐认同法国。

对 抗 奥 地 利

"太阳王"路易十四在位的54年中（1643—1715），法国大部分时间处在对外战争状态，这位追求荣耀和伟大的君主毕生都在力图使法国登上欧洲霸主的地位。

他一直在等待一个机会，夺取西班牙的遗产，而这个机会随着一场继位危机出现了。西班牙从15世纪末开始与奥地利哈布斯堡家族联姻，因此，西班牙王位属于哈布斯堡王朝。但是，没有子嗣的西班牙国王卡洛斯二世留下遗嘱，将王位传给其外甥，即法国国王路易十四的孙子安茹公爵腓力。这样一来，法国不费一兵一卒就获得了庞大的西班牙帝国。

奥地利哈布斯堡王室很不满，他们认为西班牙的王位本应由奥地利的查理大公，即后来的神圣罗马帝国皇帝查理六世继承。如今法国占了便宜，他们决定对法宣战，夺回西班牙。

双方拉拢盟友，形成了两大阵营。法国、西班牙、德意志的几个邦国，如巴伐利亚等，形成同盟，而奥地利则同英国、荷兰、葡萄牙、萨伏伊公国、那不勒斯王国、德意志的普鲁士等小邦国结成反法同盟，于1702年5月正式对法宣战。

战争第一阶段双方各有胜负。1702年9月，法国与巴伐利亚军队共同突破莱茵河防线，进逼奥地利，但西班牙陷入不利战局，英荷联合舰队不仅歼灭了西班牙舰队，英国更是攻占了西班牙南部的直布罗陀。1704年，萨伏伊的欧根亲王和英国统帅马尔伯勒公爵（即后来英国首相丘吉尔的先祖）领导的奥英联军又在布伦海姆大破法国和巴伐利亚联军，迫使巴伐利亚退出战争。两年后，欧根亲王在都灵再次大败法军。法国在其他地方也连吃败仗，不得不转为守势。

反法同盟乘胜对西班牙发动进攻，迫使法国支持的西班牙国王腓力五世逃离马德里，将奥地利的查理大公推上西班牙王位。就在一切渐成定局之时，法军开始反攻。1707年4月，法军成功进占西班牙大部分地区，腓力五世又回到了马德里的王位上。同年7月，法军在法国南部的土伦港打败欧根亲王。但是，次年7月，丘吉尔和欧根亲王的反法联军在奥德纳德再度击败法军，1709年7月，双方在荷兰决战，法军又战败，但是反法同盟也没有取得更多战绩，双方进入僵持阶段。

就在这时，英国与俄国开始为争夺北欧而进行战争，为了全力对付俄国，英国决定同法国和谈，停止对法战争。这样一来，反法同盟其他国家也都纷纷转而与法国和谈。此外，查理大公也在这时继位为神圣罗马帝国皇帝，西班牙王位也不再那么炙手可热，而且一个横跨西班牙和德意志的哈布斯堡帝国也不是欧洲各国愿意看到的结果。于是，1713年，法国与反法同盟各国签订了《乌得勒支和约》，腓力五世可以继续担任西班牙国王，但是法国与西班牙永远不能合并。

这场战争中，法国损失惨重，也没有实现其称霸欧洲的企图，但法国与西班牙的关系得到了很大改善。而英国却趁机夺去了法国的海外殖民地，走向了海上霸主之路，法西矛盾为法英矛盾所取代。

七年战争中法国由盛转衰

16—17世纪时，法国与奥地利和西班牙为敌，18世纪，法国的对手变成了英国，英法之间的冲突和争霸成为数次战争的原因。法国将战略重心从南边转向北边，但没想到奥地利衰落之时，东边又崛起了一个新的对手——普鲁士。这时期法国的霸权愈加衰落。

先于法国衰落的是奥地利。1740—1748年奥地利皇位继承战争中，奥地利哈布斯堡家族同新兴诸侯普鲁士争夺德意志领导权失败。在瓜分奥地利的遗产时，法国也凑了进来，伙同普鲁士对奥作战，在欧陆分得了一杯羹。但是在海战中，法国遭到英国的沉重打击，最终不得不退出此前法国占领的比利时、荷兰，而原属奥地利的西里西亚领地则为普鲁士夺得。

经过这次不幸的投机之后，法国与同为失败者的奥地利走到了一起，虽然两国过去一直是冤家，但为了共同的利益和敌人结成了同盟。为了巩固这一同盟关系，路易十五还让自己的孙子，未来的路易十六与奥地利公主玛丽·安托瓦内特订婚。英国则同普鲁士携起手来，共同对抗法国和奥地利。俄国则同日益强大的普鲁士关系紧张，加入了法奥的阵营。这就是欧洲近代史上著名的18世纪"外交革命"。至此，两大新的军事阵营形成，欧陆各个国家和诸侯纷纷依附。

1756年8月，七年战争开始。普鲁士本想速战速决迫使奥地利投降，但没能成功。此后，普鲁士陷入被动，1757年8月，法军在西线分两路向普鲁士的盟军展开军事行动，黎塞留公爵率法军迫使英国和汉诺威联军投降，这样，普鲁士西边的大门就打开了，但是，法军没有乘胜追击，普鲁士国王腓特烈二世赶紧调动不伦瑞克的斐迪南亲王率各国联军牵制住了法军。不过，在普鲁士的西南边，仍有法军与德意志诸侯联军穿过萨克森不断进逼，正南方有奥地利军队，东边亦有俄军进攻。普鲁士三面受敌。

普鲁士决定首先同法国打一仗，以求突破，这就是罗斯巴赫会战。1757年11月5日，腓特烈二世亲率少量骑兵，连夜径直向西南方法军联军阵地奔驰而去。此前腓特烈二世贿赂了西边的法军将领黎塞留公爵，使其按兵不动，以集中兵力与法奥联军展开大战。这时腓特烈的兵力仅有联军的一半，他却有效利用了这种劣势，诱使法军加快行军，进入事先布置好的陷阱，然后以重炮掩护步兵，杀入陷入混乱的法军，而且以骑兵绕到法军背后夹击，以很小的损失重创法军。这一仗使路易十四以来法军英勇无敌的形象丧失殆尽。

此后，普鲁士军主力得以全力以赴对付南边的奥军和东边的俄军，最终以巨大代价击退了敌军。

法国在欧陆战场上表现得非常糟糕，在海外战场更是表现得一塌糊涂。英法对海外殖民地进行激烈的争夺，1758年，英军先后夺取法国的殖民地路易斯堡和魁北克，进而在次年歼灭了法国舰队，占领了整个法属加拿大，还夺得了法国在印度的殖民地。法国在其海外殖民地全线败退，于1763年同英国签订了《巴黎条约》，将加拿大

那个时代最具代表性的画家布歇的作品，前一幅描绘了维纳斯请求火神为埃涅阿斯打造武器，后一幅描绘了宙斯变成白牛劫持欧罗巴。这两幅画作均体现了雍容华贵、安静祥和的法国巅峰时代，但也正是在布歇的赞助人路易十五在位时期法国由盛转衰。两幅作品均藏于卢浮宫

187

全部拱手让给了英国，从而使英国上升为海外殖民地霸主，而法国的国际地位则一落千丈。

英国将军费转嫁到北美殖民地人民身上，很快就引发了美国独立战争，法国也赶紧支持北美殖民地，算是为之前的惨败报仇雪耻了。

从法国大革命到拿破仑

1789—1799年，法国大革命的十年间，不仅是一段动荡和激进的峥嵘岁月，而且它对欧洲乃至全世界都产生了不可磨灭的影响。自由、平等、博爱的信条经过血与火的洗礼，变得深入人心，拉开了现代政治和社会的帷幕。

旧制度时期长期得不到解决的财政危机，加上自然灾害、饥荒和对外战争失败，使法国王室和政府越来越得不到民众的信任，人们的情绪日益激进，最终在1789年召开的三级会议中爆发。号称第三等级的革命民众在网球场进行了宣誓，随即成立国民议会。消息传出后，巴黎就发生了暴动，民众攻占巴士底狱。之后，制宪会议通过了《人权宣言》。

面对革命，王室最初还是比较合作的。路易十六慰问革命的巴黎民众时，建议在红蓝条纹的巴黎城市徽章上，再加上代表波旁王室的白色，以示君民同舟共济，由此产生了三色旗。这与红色的"弗里吉亚帽"，种植

"自由树"，参与雅各宾派创建的俱乐部等，都成为革命的标志。此后两年里，国民议会也推行了一系列富有活力的改革，对法国产生深远影响。法国很快制定了1791年宪法，确立了君主立宪政体。这时期的巴黎和法国，可谓万物维新。

不过，革命者的激进和保守贵族的不满影响到王室，软弱的路易十六在王后安托瓦内特的劝说下也转变了立场，他们乔装逃离巴黎。革命民众对此举非常不满，认为国王要勾结外国势力镇压革命，于是将他强行押回巴黎。革命也没有停歇，革命民众很快又将革命继续向前推进。1792年，革命再次爆发，君主立宪派被推翻，国王被逮捕，吉伦特派取得政权，并且召开国民公会，成立法兰西第一共和国，国王被送上了断头台。

1793年，面对欧洲各国势力的干涉，革命者们同仇敌忾，高唱《马赛曲》奔赴前线，抵抗普鲁士和奥地利联军。但是，年轻的共和国内部又存在诸多分裂因素，如法国西部的旺代地区，人们就拿起武器，站在教会和国王一方，反对共和国，但最终还是被日益中央集权化的革命政府血腥镇压下去。

革命无法回头了，也没法刹车。伴随着物价飞涨、外部干涉，吉伦特派很快也支撑不下去了，形势朝着有利于进一步革命的方向发展。吉伦特派被推翻，雅各宾派掌权，实行恐怖专政统治，残酷镇压一切敌人。但雅各宾派内部的分裂也日趋明显，丹东和埃贝尔等人相继被送上断头台。反法同盟也一再对法国步步紧逼。在此危急情形下，热月政变爆发，罗伯斯庇尔被杀，热月党人在1794年建立起统治，并成立了督政府，致力于消除革命恐怖政策和激进措施，以维持共和政权。

然而，热月党人想要维护革命成果的初衷还是没能实现，因为外国势力依然仇视革命的法国，不断进逼革命中心。于是，热月党人也被淘汰了。在雾月政变中，拿破仑（Napoleon, 1769—1821）脱颖而出，以成立执政府的方式，成为法国大革命成果的拯救者。

来自科西嘉岛一个意大利裔贵族家族，拿破仑少年时就被送到法国接受教育，从陆军军官学院炮兵专业毕业。大革命爆发时，他回到科西嘉，仍想要推动这里的独立，但这个理想难以实现。大革命的浪潮不断向前翻涌着。1793年，拿破仑受雅各宾派委托，夺取了保王党的大本营土伦，两年后，又为督政府平定了巴黎保王党的暴动。这两场胜利显示出他的军事天才，他在军政两界崭露头角。

1796年，年轻的拿破仑被任命为意大利方面军总司令，到意大利北部与奥地利作战。在这里，拿破仑尽情挥洒着他的军事才能，多次击退以奥地利为首的反法同盟联军的进攻，使大革命以后的法国在与欧洲各国的作战中终于占据了上风。

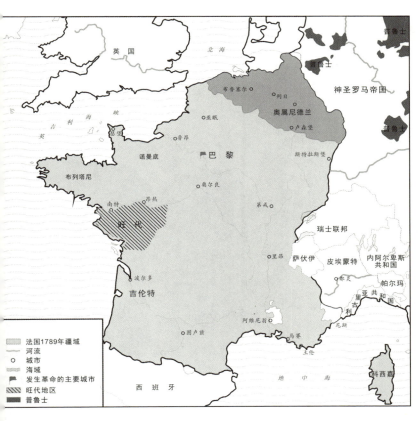

英国

北海

普鲁士

神圣罗马帝国

普鲁士

布鲁塞尔

列日

奥属尼德兰

卢森堡

吉利海峡

加莱

英

亚眠

鲁昂

诺曼底

巴黎

斯特拉斯堡

布列塔尼

南特　昂热

旺代

奥尔良

第戎

瑞士联邦

里昂

萨伏伊

皮埃蒙特

内阿尔卑斯共和国

波尔多

吉伦特

都灵

帕尔马

亚平宁共和国

里古

尼斯

阿维尼翁

图卢兹

马赛

土伦

西班牙

地中海

科西嘉

法国1789年疆域

河流

城市

海域

发生革命的主要城市

旺代地区

普鲁士

革命时期的法国

191

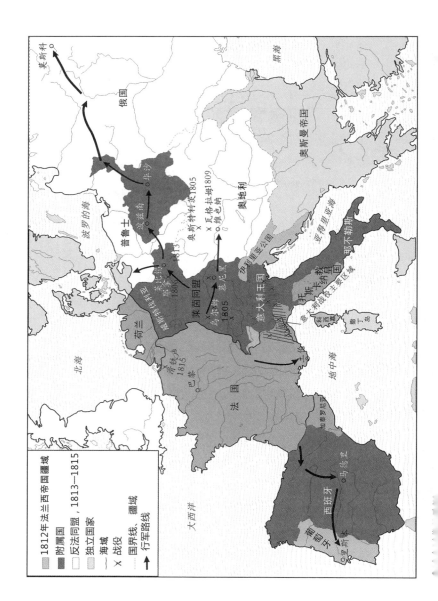

莫斯科

俄国

黑海

奥斯曼帝国

波罗的海

华沙

普鲁士

波兹南

奥地利

奥斯特利茨1805

瓦格拉姆1809

维也纳

亚得里亚海

莱比锡1813

萨巴比耳

莱茵同盟

耶拿1806

奥尔姆

伊利里亚省

乌尔姆1805

意大利王国

教皇国

托斯卡纳

那不勒斯

荷兰

北海

滑铁卢1815

巴黎

法国

马伦哥

地中海

意大利战役主战区域

科西嘉

撒丁岛

加泰罗尼亚

大西洋

西班牙

马德里

葡萄牙

里斯本

图例：

- 1812年法兰西帝国疆域
- 附属国
- 反法同盟，1813—1815
- 独立国家
- 海域
- — 战役
- X 战役
- 国界线，疆域
- ⟶ 行军路线

《1798年拿破仑远征埃及》，莱昂·柯尼耶绘制，藏于卢浮宫

意大利战争以后，拿破仑成为法兰西共和国的英雄，被督政府委派率军远征埃及，以抑制英国在那里的扩张。但是，这次远征在陆地上获得全胜，在海上却被英国彻底击败。拿破仑征服埃及、叙利亚乃至印度的计划没能实现。不过，这次远征却促成了埃及学的诞生。拿破仑不仅统率军队，还邀请大量学者随行，他们在埃及的考古和研究帮助揭开了古埃及的神秘面纱。

1799年，拿破仑回到巴黎，他对督政府越来越不信任，于是，在同年11月9日发动了雾月政变，取而代之。1804年，拿破仑将共和国改为帝国，加冕为皇帝，称拿破仑一世。雾月政变以后，大革命宣告结束，但是拿破仑的统治却延续了大革命时期创立的中央集权传统。他

新古典主义画派代表雅克-路易·大卫的《拿破仑加冕》，藏于卢浮宫

进行了一系列重大改革，其中最重要的就是颁布了《拿破仑法典》（又称《民法典》），影响非常深远。

建立帝国以后，拿破仑下一步要做的事就是推动帝国的版图囊括整个欧洲。不断的扩张战争使其家族成员逐渐成为欧洲各国的君主，法国像路易十四时代一样，再次成为欧洲的中心。但是，英国却始终和他作对。拿破仑一心想要降伏英国，可他横渡英吉利海峡攻打英国的计划却从未实现。拿破仑能够成为陆地上的皇帝，但是法国在海上却无法战胜英国这个对手。

英国还不断和奥地利、普鲁士、俄国组成反法同盟，想要将法国置于死地。拿破仑却总能出奇制胜，屡屡击败反法同盟，并创造了乌尔姆战役、奥斯特里茨战役、耶拿战役、瓦格拉姆战役等经典的辉煌胜利，这些战役发生地的名称也都作为巴黎的地名、地铁站名，成为法国人的永久记忆。

物极必反。1812年，拿破仑率军远征俄国，遭遇惨败。俄国随即组建了第六次反法联盟，在莱比锡大败拿破仑。盟军进而攻占巴黎，迫使拿破仑退位。法兰西第一帝国覆灭。虽然拿破仑在此后还复辟了一次，但最终还是兵败滑铁卢，他的军事和政治生命彻底结束。

法国的黄金时代也随之落下了帷幕。

推荐书目：彼得·伯克的《制造路易十四》

彼得·伯克的《制造路易十四》探讨了路易十四公众形象制作、传播、接受的过程，从新文化史的角度，追踪了17世纪路易十四的形象是如何被打造出来的历史，通过君主形象的建构过程，揭示了权力与艺术的互动关系，能够帮助我们既理解现代媒体包装机制，也能够更深入了解历史上伟大君主形象塑造的过程及其背后的政治史。该书中文版由郝名玮翻译，由商务印书馆出

版于2007年。

　　彼得·伯克是英国著名历史学家，任教于剑桥大学，主要从事思想史和文化史研究，侧重文艺复兴时期，著有《意大利文艺复兴时期的文化与社会》《欧洲近代早期的大众文化》《法国史学革命》《知识社会史》《图像证史》等。

名胜古迹：斯特拉斯堡

17世纪的路易十四时代，法国于1681年从神圣罗马帝国手中夺取了斯特拉斯堡，从此将阿尔萨斯地区据为己有，到19世纪中叶，法德开始围绕斯特拉斯堡进行拉锯战，1871年普法战争后德意志帝国占据了斯特拉斯堡。第一次世界大战后，根据《凡尔赛和约》，斯特拉斯堡归还法国。二战期间，纳粹德国于1940年再度占领斯特拉斯堡，二战后又归还法国。1979年，斯特拉斯堡成为欧洲议会所在地。2016年，法国进行行政大区改革，将阿尔萨斯、洛林、香槟-阿登三个大区合并为大东部大区，斯特拉斯堡成为新大区的首府。

在这座城市中，很多人依然说德语，建筑风格属于法国东部，但与德意志也不无相似之处。在这里，人们可以追根溯源，寻找当地的历史，而且可以发现法德或欧洲共同的历史。尤其是"小法兰西"区域，中世纪风格的黑白木结构房屋被莱茵河支流伊尔河环绕，仿佛一座岛屿，这里曾经有很多磨坊和皮革作坊，也是法国工匠的聚居地。斯特拉斯堡的哥特式主教座堂建于11—15世纪，周围的街道和广场充满德意志风情，这里与"小法兰西"一道，于1988年被联合国教科文组织列为世界文化遗产。

斯特拉斯堡老城

斯特拉斯堡欧洲议会大厦

第七章　世界中的法国

　　在巴黎奥运会开幕式中，有一段两男一女追逐嬉闹的场景，令很多人都困惑不解。其实，这是致敬法国新浪潮电影的经典镜头，尤其是特吕弗的《朱尔与吉姆》和戈达尔的《法外之徒》，堪称新浪潮电影的两大代表作。新浪潮在20世纪50—60年代风靡一时，体现了新的美学思想，要求颠覆传统的电影表现手法，强调电影要具有导演的个人风格，提出"主观的现实主义"口号，这种充满艺术感、思想性的前沿风格，使法国电影与以美国好莱坞为代表的商业电影背道而驰，它不注重市场，而是注重个人的情感和思考，具有纪实性和现代主义元素。

　　若说新浪潮电影背后有什么推动力，一个重要的思想因素就是萨特的存在主义思想。两次世界大战对欧洲思想界造成了极大的冲击，第一次世界大战后，现代主义迅速发展，"凡尔登绞肉机"令法国人和欧洲人对人

200

的命运和境遇予以关注，二战后，加缪和萨特的存在主义更是执着于对人的本性的思考。面对荒诞的世界，充满信心地活着，不必在乎别人的看法，在存在的过程中体悟生命，是存在主义给出的答案。其实，余华的《活着》就是一个中国版的存在主义作品，虽然它创作于20世纪90年代，但读者可以从这部小说中读到曾经的新浪潮精神："人是为了活着本身而活着的，而不是为了活着之外的任何事物而活着。"这是在痛苦之后的悟彻，不管在何时，它都能安抚人心。

20世纪，法国经历了太多灾难，但也贡献了太多的文化佳作。法国的思想已经成为世界性的财富。法国的文学、电影、艺术等都风靡全球，成为优雅、先锋、创新的代名词。法国人也热衷于向外推广本国的文化，即便在殖民时代过去之后，它也有能力使自己的文化无远弗届，为世人所追捧。当然，在法国走向世界这个过程中，法国也接纳了很多外来移民，它与全球化的脉搏也逐渐同步，这些也都令它时常陷入迷惘之中，该如何面对世界和自身，是法国仍在思考的问题。

法国殖民帝国的兴衰

法国的殖民史要追溯到16世纪在新大陆的扩张，尤其是在加拿大东海岸的纽芬兰一带。1605年，法国在加拿大东南部的新斯科舍建立港口，几年后，又进一步建立魁北克城，并将势力沿着圣劳伦斯河向上游推进，直到五大湖地区。这些地方逐渐发展成经营毛皮贸易的殖民地，因为圣劳伦斯河两边盛产海狸，这种动物的皮在当时的欧洲风靡一时，需求量极大。法国将在新大陆新获得的土地称作"新法兰西"。法国对在这里进行开发的兴趣并不如英国，因此，其在美洲的殖民地发展也比较缓慢。即使如此，到17世纪末，法国还是在新大陆从五大湖地区向南一直挺近到墨西哥湾的新奥尔良，势力范围也涵盖了密西西比河流域。同一时期，法国也在非洲和亚洲殖民。1624年，它在西非的塞内加尔建立了首个贸易站。在孟加拉的金德讷格尔、印度的本地治理等地也建立了贸易商站。

到18世纪中叶，法国与英国的斗争愈加激烈，不仅在欧洲争霸，也将战场扩展到了整个世界。此后的半个多世纪里，伴随着一连串战争，如奥地利王位继承战争、七年战争、拿破仑战争，法英两国的殖民地也各有得失。法国的损失较大，被迫割让了美洲和印度的一部分殖民地。拿破仑上台后，大力发展海外扩张和殖民，但其失败也让法国的殖民地丧失殆尽，尤其是南美洲的法属圭亚那和西非的塞内加尔，都被划归英国。

拿破仑全球帝国的梦想虽烟消云散，但法国并不甘心，力图东山再起，再造一个殖民帝国。1830年，法国征服阿尔及利亚，此后更是不遗余力地在北非扩张，将其势力在北非从阿尔及利亚向东扩展到突尼斯、利比亚一带。在西非，法国将毛里塔尼亚、塞内加尔、几内亚、马里、科特迪瓦、贝宁、尼日尔，直至中非的刚果都纳入自己的势力范围。从此非洲的西北部和西部成为法国的地盘，与英国控制下的非洲东部分庭抗礼；但在

1822年，希腊独立战争引起奥斯曼帝国干涉，导致希俄斯岛屠杀，德拉克洛瓦及时地以绘画形式传达了对奥斯曼的愤怒，也体现了法国对当时中东局势的关注

"断臂维纳斯"这尊罗马时代的雕像是驻扎在爱琴海米洛斯岛上的法国军官于1820年发现的，后在法国驻土耳其大使的帮助下运回法国，现藏于卢浮宫

东非海岸，法国也霸占了从北边的吉布提（当时称法属索马里兰）到南边的马达加斯加一带的不少地方，留尼旺直到今天还是法国的海外省。

法国对东方的憧憬令其不断向东探索和扩张。19世纪80年代的中法战争使其占有了越南和柬埔寨，并以此为基础建立起法属印度支那，保证了其在东南亚的殖民统治。在中国的上海、广州等地，法国也建立了租界，给这些地方染上了浓郁的法国文化色彩。

18世纪末，库克船长在南太平洋的发现开启了欧洲各国在这里的角逐。法国攫取了新喀里多尼亚、法属波利尼西亚群岛、新赫布里底群岛等。其中，波利尼西亚群岛中的塔希提岛给予了法国印象派画家高更美妙的灵感。

　　第一次世界大战结束以后，法国的全球殖民帝国达到了巅峰。它在奥斯曼帝国的近东土地上设立了委任统治，将德国在非洲的殖民地喀麦隆和多哥划入自己的势力范围，在西非则建立了庞大的法属西非殖民地。

法国在摩洛哥的据点——卡萨布兰卡，法国殖民者在此建立了独立于老城的新城，作为统治中心，作者摄于2024年

法国在卡萨布兰卡的领事馆，中间的雕像为曾经的摩洛哥总督利奥泰，也正是他在卡萨布兰卡建造了充满法国特色的新城，以巩固法国的统治

直到二战期间，这个殖民帝国才逐渐瓦解。二战以后，随着非殖民地化运动兴起，法国殖民地纷纷走向独立，越南、阿尔及利亚成为典型的例子。

阿尔及利亚于1830年沦为法国殖民地，对法国控制地中海有着非常重要的战略作用，而且在二战的法国光复中也起到了关键性作用。阿尔及利亚还是法国的重要移民地，到20世纪中叶时，有几十万法国人在这里生活，这里的土地、石油等资源也使法国极其重视在这里的利益。

然而，作为以阿拉伯民族和伊斯兰教信仰为主的地区，阿尔及利亚与法国始终有着龃龉和隔阂。在战后民族主义风起云涌的时期，这里也掀起了去法国化运动。1954年，阿尔及利亚民族解放阵线成立，主张争取民族独立，开始以武力反抗法国统治。阿尔及利亚的武装发展非常迅速，仅仅3年时间就形成了数万部队，广泛分布在该国本土和周边邻国，如摩洛哥和突尼斯，主要以游击战的形式进行斗争。

面对殖民地的起义，法国在阿尔及利亚投入了数十万军力，主要由精锐的空降兵和外籍军团组成，还有十几万阿尔及利亚亲法武装。除了军队镇压，法国还将200多万生活在山区的阿尔及利亚人强行迁到平原地区，防止他们支援游击队。

同时，法国还不断与阿尔及利亚民族解放阵线谈判，但是面对坚决要求独立的阿尔及利亚起义者，谈判毫无进展，战争的伤亡和耗费也不断拖累法兰西第四共和国。面对政府的无能，法国军方要求建立一个强有力的政权。1958年5月13日，阿尔及利亚的法国驻军和极端的殖民主义分子在阿尔及尔发动叛乱，要求戴高乐复出主政。戴高乐也利用这次机会，组建了新内阁，进而完成了向第五共和国的过渡。

不过，戴高乐上台后，并没有如殖民主义者们所希望的那样，采取军事行动镇压殖民地的独立斗争，而是向阿尔及利亚的独立迈进了一大步，于1959年宣布给予阿尔及利亚自决权。这遭到了殖民主义者的疯狂反对，他们认为自己被戴高乐出卖了，因此策划了叛乱、暴动乃至暗杀，但这些都没有阻止阿尔及利亚独立的进程。

1962年3月，在法国东南部的小城埃维昂，法国终于与阿尔及利亚民族解放阵线签署了停战协议，同意阿尔及利亚举行公民投票，决定是否留在法国。投票结果是阿尔及利亚人民压倒性地支持独立，近8年的战争终于结束。超过法国本土面积4倍的阿尔及利亚殖民地终于挣脱了法国的控制，成为一个独立国家，法国的殖民体系也最终瓦解。

德拉克洛瓦1832年到阿尔及利亚旅行，被异域风情震撼，回到巴黎后凭记忆画下了这幅《阿尔及尔妇女》。在今天看来，这幅画似乎带有东方主义元素，但也反映了法国人对这片新获得的殖民地的印象

高更《海滩上的塔希提妇女》（1891年，藏于巴黎奥赛博物馆），除了
作为后印象派的代表作，也可以被置于法国殖民史的语境中审视

两次世界大战中的法国

第一次世界大战，这场最初由巴尔干危机引发的战争，迅速将整个欧洲抛入了炮火之中。欧洲逐渐分成了两个军事集团，一方是德、奥主导的同盟国，另一方是英、法、俄主导的协约国。

法国趁机将对德国的新仇旧恨一并倾泻出来。早在19世纪70年代，两国因争夺欧陆霸权爆发普法战争，法国大败，被迫割让阿尔萨斯和洛林，并赔偿巨款，法国人一直对德国怀有怨恨，想要夺回失地。因此，一场战争必不可免，只是没有人料到，它竟会以世界大战的形式出现。

　　大战之前，欧洲又经历了一次"外交革命"。18世纪时，奥地利联合法国，普鲁士联合英国。19世纪末，以普鲁士作为前身的德意志与英国断交，双方的矛盾要追溯到1864年普鲁士入侵丹麦，与丹麦公主联姻的英国王子爱德华开始与亲德的维多利亚女王推行不同的政策，继位后的爱德华七世坚定反对野心勃勃的德国，支持普法战争中失败的法国，英德之间的矛盾越来越深，在海军方面也不断竞争。虽然英国与法国有矛盾，但随着德国染指南部非洲，威胁到英国的利益，英国与法国在法绍达事件、丹吉尔危机中有效规避了冲突，达成和解，建立了稳固的联盟。俾斯麦被迫辞职后，威廉二世莽撞地在巴尔干扩张，并且支持奥地利在巴尔干与塞尔维亚对抗，威胁俄国的利益，而法国则大力支持俄国在巴尔干战争中维护自身利益，1913年，法国新任总统普恩加莱加强了与俄国的合作，剑指德、奥。就这样，原本相互之间有隔阂的法、英、俄三国就走到了一起。

　　1914年6月28日，奥匈帝国皇储斐迪南大公在萨拉热窝被刺杀，奥匈帝国旋即向塞尔维亚宣战。俄国支持塞尔维亚，并拉拢法国，德国则向俄、法宣战。第一次世界大战由此爆发。8月初，德军率先攻占卢森堡和比利时，压向法国北部，法军被迫后撤。9月，德军和英法联军在巴黎附近的马恩河一线对抗，双方都没占到便宜，胜负难分，德国想要速战速决，解决西线的目标没能实现，战事进入胶着状态。

1915年春，英、法趁德军在东线作战，在法国东部的香槟和北部的阿图瓦接连发动了两轮攻势，但也没有成功。反而德军在反攻时使用了毒气，令双方损失非常惨重，总共伤亡160万人。

1916年春，德军趁东线压力减少，决定在西线再发动一轮攻势，因此，双方在凡尔登爆发了会战。这场会战竟延续了近一年，德军始终没能攻下凡尔登，法军在这个被视作巴黎东部门户的城市死守阵地，毫不相让。这场仗打到天昏地暗，血流成河，凡尔登一战由此有了"凡尔登绞肉机"的称呼，双方基本上都流尽了最后一滴血。但是，这一仗也被认为是第一次世界大战的转折点，德军的有生力量基本上已经消耗殆尽，无法再发起有效的进攻。

接下来，英法联军试图突破德军在索姆河一线的防御，发动了对德军的进攻。英军在战争中首次使用坦克，进攻势头一度很猛，然而，在持续激战了5个月和伤亡100多万人后，英法联军仍未能有所突破。战事还是陷入了僵持。

1917年，美国对德宣战，协约国才逐渐取得主动权。法军于4月在西线展开春季攻势，在兰斯和苏瓦松之间同德军进行会战。不过，法军在伤亡10万人后仍未有进展，发生了内部骚动，只剩下英军继续在西线作战，但是始终无法改变战事胶着的状态。

同一年，东线的俄国因发生十月革命而退出战争，使德国得以集中全力对付西线战事。于是，在战争的前四年都无法取得有效进展之后，德国决定集结所有兵力和资源，在西线实现突破。1918年上半年，德军在西线总共发动了5次大规模攻势。尤其是第三次攻势，成功突破了法军的防线，推进到距离巴黎不到40公里的地方，但是被英法联军死死挡住，没能彻底消灭对方主力。6—7月，德军再次集中兵力发动最后两次攻势攻打巴黎，但始终未能成功，每次人员损失都达10万人以上。德军在军力和资源都消耗殆尽之后，只得退回到兴登堡防线，再没有力量进行新的攻击了。1918年底，德国爆发十一月革命，德皇退位，魏玛共和国成立了，德国与协约国在法国东北部的贡比涅森林签订了停战协议，德军撤到莱茵河以东，并归还阿尔萨斯和洛林。第一次世界大战结束。

这场大战对法国和其他欧洲参战各国都造成了很大的损失，法国军队共阵亡124万人，殖民地军队阵亡10余万人。德国由于两线作战，军队阵亡180万人。这种大规模的伤亡是过去传统的战争所没有的，对20世纪初的人们来说相当具有冲击力，经过这场劫难，人们的思

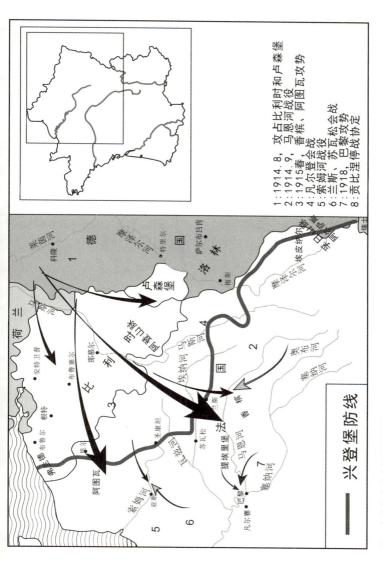

1：1914.8，攻占比利时和卢森堡
2：1914.9，马恩河战役，阿图瓦攻势
3：1915春季会战
4：凡尔登战役
5：索姆河战役，香槟会战
6：兰斯，苏瓦松会战
7：1918，巴黎攻势
8：贡比涅停战协定

—— 兴登堡防线

第一次世界大战中的西线战场

213

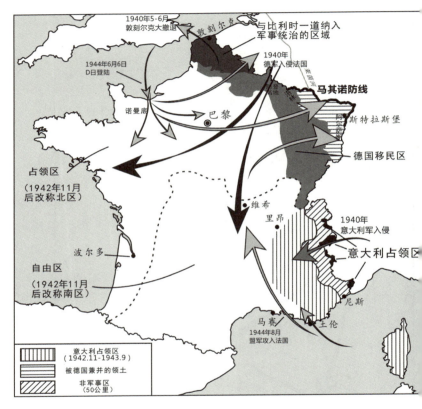

第二次世界大战中的法国

想和心态出现重大转变。

1919年6月28日，在凡尔赛宫的镜厅，战胜国与战败国签订了《凡尔赛和约》。半个世纪前，正是在同一个地方，战胜法国的德意志在此宣布成立帝国，如今，法国终于一雪前耻。在这场巴黎和会上，法国总理乔治·克里蒙梭极力主张肢解德国，要求德国赔款，从而最大限度地削弱德国，保证法国的安全。但是，没人想到，对德国要求极其苛刻，企图用巨额的赔款和严格的限制压垮德国，反而导致冤冤相报，为20年后双方的第二次对决埋下了祸根。

20世纪20年代，法国在与德国接壤的边界修筑了马其诺防线，并与东欧许多国家结成小协约国联盟，以防止德、奥的再度崛起。然而，德国的复仇之心始终没有磨灭，一直在窥伺着机会东山再起。

20世纪30年代，随着世界经济危机爆发，希特勒和纳粹党上台，使德国走上了扩军备战的道路，然而英法两国却希冀同纳粹德国一致对付苏联，因此企图以绥靖政策安抚德国，任由德国不断向邻国扩张，将奥地利和捷克斯洛伐克并入。1938年，《慕尼黑协定》签订，法国与英国一道，纵容希特勒吞并苏台德地区。法国这时期国内左右之争严重，右派政府与左派的人民阵线斗争不断，在外交上畏首畏尾，不得不采取绥靖政策，默许德国变本加厉，以求暂时的和平。1938年年底，法国与德国还签订了互不侵犯宣言，为德国吞并捷克斯洛伐克提供了条件。

然而，法国和英国的绥靖丝毫没有满足德国的贪婪，反而进一步刺激了它的贪欲。德国也没有领法国的情，对它而言，正是第一次世界大战中被法国打败的耻辱使自己卧薪尝胆，就为了向法复仇。1939年，第二次世界大战正式爆发。

德国首先进攻波兰，但由于法国的绥靖，法军在西线一直没有大规模作战，被称作"奇怪战争"。直到1940年5月，德军绕过马其诺防线，从法国未曾预料到的阿登高地发动闪电攻击，迅速攻陷了法国北部大片土地。但是，法国政府却没能组织起有效抵抗，法军一直守着陈旧的防御方式。德军首战告捷，迅速向西挺进。面对这种情况，法国军队溃散，平民逃难。5月下旬，英法军队撤退到法国北部海岸，从敦刻尔克撤到了英国，得以保存了一部分力量。

同年6月，投降派贝当出任总理，法国政府撤离巴黎，向南狼狈逃窜，最后在南方小城维希成立了傀儡政府，并宣布投降。签订停战协定的地点也是贡比涅森林，当年签订第一次世界大战停战协议的地方，对法国构成了辛辣的讽刺。法国投降后，还积极配合德国作战，为德国提供各种资源和便利。然而，这也没有求得德军止住前进的步伐，1942年年底，德军还是伙同意大利军队，一道攻占了法国南部。

　　与维希政府屈膝同时，以戴高乐将军为首的抵抗运动兴起。戴高乐于1940年出走伦敦，开创了自由法国运动。但是，为了避免过于依赖英国，戴高乐决定到法国的海外领土上去，充分利用法属非洲殖民地的力量。借助法国国内抵抗运动的配合，自由法国运动在法国以外的地方，如阿尔及利亚，与德军交战，并不断获得胜利，日益壮大起来。1942年6月，自由法国军队在利比亚的比尔·哈凯姆赢得了对隆美尔领导的德国军队的胜利。今天巴黎还有一个地铁站以"比尔·哈凯姆"为名。

1942年比尔·哈凯姆战役中的自由法国外籍军团士兵

1943年1月，同盟国领导人在法属摩洛哥卡萨布兰卡这个刚刚被盟军攻占的城市召开会议，美国总统罗斯福参加了会议，他回国后要求在白宫放映了前一年刚刚摄制的电影《卡萨布兰卡》，该电影的内容涉及了自由法国。事实上，背后的真实情况是美国和法国对摩洛哥的争夺，20世纪50年代，摩洛哥就在美国的支持下脱离了法国的控制而独立

大量非洲人参与到法国反抗纳粹德国的战争中去，为法国取得二战胜利作出了巨大贡献。

　　1942年年底，英美盟军在北非登陆，戴高乐也在阿尔及利亚成立了法兰西民族解放委员会，领导法国抵抗运动在北非和地中海战场作战。1944年，盟军开始在西北欧开辟第二战场，发动诺曼底登陆。从此，战争转移到了法国本土，被德国占领的地区逐渐光复。

　　1944年8月，戴高乐说服艾森豪威尔率领的盟军帮

卡萨布兰卡里克咖啡馆，《卡萨布兰卡》电影故事发生地，作者摄

助自己解放巴黎，在盟军攻势的配合下，巴黎人民发动起义，打败了德国占领军。巴黎解放后，盟军沿着香榭丽舍大街展开了凯旋仪式，这是一场具有标志性意义的胜利，并且为整个法国的解放打好了基础。

　　1945年，法国从德国手中夺回了阿尔萨斯和洛林，盟军甚至越过莱茵河，在德国境内追击德军。5月8日，在柏林举行了德国无条件投降仪式，法德代表相继签字。至此，法国终于洗清了二战之初的耻辱，为自己争回了名誉。虽然抵抗运动获得了成功，但是，对维希政府成员的态度，在二战后的法国仍有争议。

戴高乐

要欧盟还是要帝国

两次世界大战之后，法国开始认真思考民族国家的利弊。

从加洛林帝国分裂开始，处在法德之间的阿尔萨斯和洛林地区，就一直处在争夺之中。在历史上，法德两国为了获得这块地方，没完没了地兵戎相见，类似于作家都德的小说《最后一课》，也不仅仅有法国版。两次世界大战前后这里更是一再成为战争的导火索。

阿尔萨斯-洛林地区和莱茵河岸下游地区，军事价值很大，堪称兵家必争之地，而这里丰富的矿产资源，更是法德争夺此地的重要原因。如何妥善地解决这个棘手的问题，避免战争悲剧再次发生，成为二战以后两国政治家不得不认真思索的问题。

德国战败以后，其重工业受到了极大打击，莱茵河下游的煤炭开采区，如鲁尔区等，由国际共管。在一定程度上，这仅仅是重复了第一次世界大战之后德国受到的惩罚，纯粹的复仇并不能从根本上解决问题。1949年5月，法国外交部长罗伯特·舒曼在演讲中提出了整合欧洲煤钢资源，建立工业共同体的计划，是为舒曼计划。在此基础上，法国、意大利、比利时、荷兰、卢森堡和西德签署了《巴黎条约》，于次年成立了欧洲煤钢共同体，接手管理鲁尔区，并且取消对德国工业生产的部分限制。

这时期的合作主要是以经济方面为主。1957年，《罗马条约》签署，成立了欧洲经济共同体和欧洲原子能共同体。至此形成了三个独立的共同体单位，各司其职，相互独立。

但是，三大共同体合并的趋势越来越明显，为了更有效地整合资源和机构，各国于1965年达成协议，签订了《布鲁塞尔条约》，决定合并三大共同体的主要机构，统称为欧洲共同体，简称"欧共体"，总部设在布鲁塞尔。从此，欧洲一体化的步伐逐渐加快，欧共体扩张的进程也开始了。

事实上，欧共体的发展是建立在法国和德国和解基础之上的，1963年，法国总统戴高乐与联邦德国总理阿

1963年1月22日，德法在巴黎爱丽舍宫签署合作条约。照片藏于德国联邦档案馆

登纳在巴黎爱丽舍宫签署了合作条约，标志着二战之后欧洲两个大国之间的全面和解，这为欧洲一体化奠定了基本框架。当然，这也是戴高乐依靠欧洲反对美国政策的重要举措和成果。

20世纪70—80年代，越来越多欧洲国家申请加入欧共体，共同体也不断向东扩张。

1992年，欧洲一体化又向前跨越了一大步。这一年，《马斯特里赫特条约》签署，第二年正式生效，由此

1963年，戴高乐与阿登纳在一起，双方的合作宣告了二战之后法德两国的历史性和解，在此基础上，两国推动了欧洲一体化的进程。照片藏于德国联邦档案馆

完成了从欧洲共同体向欧洲联盟的过渡。欧洲联盟简称欧盟，拥有自己的议会、法院和理事会，并颁布了宪法。这意味着这个机构已不仅具备经济职能，而且向经济政治实体发展。欧洲中央银行也发行了作为共同货币的欧元（Euro），还将贝多芬的《欢乐颂》作为盟歌。经过七次扩大，欧盟已涵盖27个国家，总人口已达4.4亿。

　　法国加入欧盟，与密特朗的大力推动有关，也顺应了当时那个区域一体化的时代趋势。欧盟中的核心国家是法国和德国，两国经过风风雨雨，终于突破20世纪上半叶的战争，携手建立了以和平与发展为主旨的联盟。同殊死搏斗和争夺相比，共同开发利用是更好的一条解决途径。这个办法不仅协调了法德之间千余年没能解决的矛盾，也为欧洲的联合发展奠定了基础。

然而，法国在处理与英国的关系时，进展就没有那么顺利了。与德国一样，英国也是法国历史上的主要竞争对手，在二战之后，甚至威胁更大。戴高乐在1963年明确反对英国加入欧共体的谈判，他担心英国加入后会取代法国的领导地位，也反感美国借助英国干预欧洲事务，甚至把英国加入欧共体比作美国送来的特洛伊木马。此后，戴高乐一再否决英国加入欧共体的申请。直到1969年戴高乐下台，新总统蓬皮杜才推翻了戴高乐的政策，同意英国加入。当然，蓬皮杜也是希望借助英国制衡实力不断上升的德国。而英国此时为了亲近欧洲，也愿意放弃与美国的特殊关系。于是，1973年，在戴高乐去世三年后，英国终于得偿所愿加入了欧共体。

不过，即便英国加入了欧共体，也始终与法国龃龉不断。1984年，撒切尔夫人在与欧共体谈判时，坚持争取减少缴纳经费。尤其是90年代，随着两德统一，英国在欧洲市场的份额进一步减少，使英国不断寻求后退，在2002年也没有加入欧元区。法国主导下的欧洲一体化坚持向东扩展，这是希拉克的决定，也是戴高乐的政策，更是法国看待欧洲的传统方式。但是，英国却对这种扩张政策抱有反感，它在历史上是出了名的坚持孤立光荣。2004年欧盟史无前例地进行大扩张，将东欧多国并入，英国再也坐不住了，经济、地缘、移民等问题使它不断反思加入欧洲一体化的决定是否正确。

多年酝酿和挣扎后，2020年年初，英国终于公投退出了欧盟。英法关系在历史上一直磕磕绊绊，即便到了21世纪，双方脚步还是无法迈向一致的方向。

当然，即便法国本身，对欧洲一体化的态度也是复杂的。法国希望借助欧洲一体化，实现经济和政治上的主导地位，增强政治经济腹地，对抗英美。因此，法国不允许欧盟成员国有离心倾向，但是，东欧的发展并不是其所能控制的，尤其是进入21世纪以后，波兰、匈牙利举起了"新欧洲"的旗帜，加上东欧格局变动频仍，对法国的主导地位是一个不利因素。虽然法国国内也有质疑或反对欧盟政策的声音，但是法国坚持欧洲一体化的立场从未变化过。

法国在推进欧洲一体化时，也没有忘记其在欧洲以外的利益。

法国一直将地中海世界当作自己的禁脔，自视为罗马帝国的继承者，它努力想把地中海再次打造成法国的"内湖"。为了这个目标，法国在历史上不遗余力地加强与地中海周边国家的友好关系，不仅包括西班牙和意大利，还包括众多的西亚、北非国家，况且北非也曾是法国殖民帝国的重要组成部分。

随着殖民帝国崩溃，法国的战略重心在20世纪70年代再次转移到地中海，蓬皮杜总统甚至提出了"地中海是地中海人的地中海"的口号。德斯坦总统更加重视地中海的战略地位，要求加强法国在地中海的主导作用，他认为，法国的东、西两边有苏、美两大强权，北边又有英国，因此唯有南下地中海，团结北非和西亚国家，才能成为影响力跨越三大洲的强国。西班牙、意大利与法国同以拉丁民族为主，而北非和西亚则是法国的传统势力范围，可以说，这个发展战略是建立在深厚的历史基础之上的。

希拉克总统对地中海周边的阿拉伯国家采取非常友好的态度。他于1996年访问耶路撒冷时，对负责护卫他的以色列士兵大发雷霆，怒斥他们将自己与巴勒斯坦人隔开，他经常在假期同摩洛哥国王举办双方家庭聚会，与黎巴嫩总理拉菲克·哈里里亦有很深的私交，甚至命令巴黎的医院全力抢救阿拉法特，并专程向其遗体告别。1995年，在希拉克的敦促下，欧盟启动了巴塞罗那进程，计划与地中海周边11个北非和中东国家建立经济、能源、移民等方面的合作，并最终建立自由贸易区。

萨科齐上台后，在巴塞罗那进程的基础上，另辟地中海联盟设想。二者最大的不同点在于，前者有法德两国参与，而地中海联盟的主导者只有法国一家，这让德国颇感恼火，但法国正是借此抬高自身地位，以同在欧盟占主导地位的德国抗衡。而且，法国也看到了地中海南岸丰富的石油、天然气资源，以及富有前景的核工业市场，或许依靠这一途径，还可以解决北非的非法移民问题。

　　2008年，地中海联盟召开首脑会议，宣告正式成立，地中海沿岸的国家都被纳入这个国际组织中。在德国的抗议下，萨科齐才同意地中海联盟不把与地中海相邻的欧盟成员国也囊括在内。巴黎被誉为"中东外交的舞台"，在首脑会议期间，叙利亚和黎巴嫩等阿拉伯国家都与以色列有所接触，为中东和平进程提供了助力。

　　尽管成立了地中海联盟，但法国的中东外交也并非一帆风顺。土耳其因报复法国不同意其加入欧盟而反对，利比亚也拒绝加入，仅作为观察员国参与。此后，随着法国对利比亚、叙利亚的军事干涉，这个联盟也显示出脆弱性，在2012年萨科齐下台后，也就逐渐淡出国际政治舞台。

　　不过，法国急欲增强其在地中海世界的势力和霸权，也在其后的政治家身上表现出来。如2020年年初，马克龙总统访问耶路撒冷的圣安妮教堂时，就像希拉克曾经做的那样，怒斥了跟随他的以色列警察。毕竟，这座教堂是1856年奥斯曼帝国因法国的支持而赠予拿破仑三世的，再加上法国于20世纪20—30年代在中东阿拉伯地区的委任统治，法国人更是隐隐将这里视作自己的责任所系之地。

地中海周边的民族和文化极其错综复杂，有基督教、伊斯兰教、犹太教几大宗教的矛盾存在，各国之间的领土矛盾也极难调和，何况还有美国、俄罗斯对这里一直虎视眈眈，更是加大了法国在此建立主导地位的难度。但是，地中海连接了法国的过去，以及它对未来地缘利益的展望。

对更南边的非洲内陆，法国也有长远的考虑。毕竟它曾经控制过非洲的西半部分。在二战之后的很长时间，法国不管国内左右之争有多严重，对非洲的政策基本一致，始终是以援助为主。20世纪70年代，中非皇帝博卡萨受法国支持，一度流亡巴黎，还试图回国复辟。但是，冷战结束后，局势发生变化，法国对非洲的援助政策也发生变化，欧洲牵扯了法国越来越多的精力，而且美国加强在非洲的影响，挤压了法国的空间。

即便如此，法国依然将非洲事务当作其天经地义的管理范围。1994年，卢旺达发生内战，法国介入，并且扶持胡图族政府，当胡图族对敌对的图西族进行屠杀时，法国便被指责负有责任。1996年，扎伊尔出现叛乱暴动，法国依然试图敦促联合国进行干涉，但被否决。当希拉克上台后，逐渐将法非关系从过去的"父子关系"降格为"兄弟关系"，不愿再在非洲担任"宪兵"角色。1999年，科特迪瓦发生军事政变后，希拉克虽然收到该国总统请求，但没有干预，宁可采取更加现实主义的立场。

进入21世纪以后，法国与非洲的关系依然密切，出现了"重返非洲"的趋势，而且出于反恐的需要，在西非和中非许多国家有驻兵。2012年起，马里发生叛乱，宗教极端组织占据越来越大的地盘，逼近首都巴马科，法国奥朗德政府于2013年年初发动"薮猫行动"和"新月形沙丘行动"，帮助马里政府打击反政府武装，也利用反政府武装反恐。但是，萨赫勒地区恐怖主义不断，马里、中非、布基纳法索、尼日尔等国持续动荡，对法国的财政而言是一个很大的负担，这使法国心灰意冷，在美国退出之后，马克龙政府也决定撤离在这些国家的驻军。

2021—2023年，马里、布基纳法索、尼日尔先后发生政变，接连要求法军撤走，结束了法国在萨赫勒地区长达8年的反恐军事行动。2024年1月28日，这三个西非国家又宣布退出成立于1975年的西非国家经济共同体，自行组织了萨赫勒国家联盟，依靠俄罗斯的支持自行反恐。2024年12月31日，西非的科特迪瓦和塞内加尔也要求法国从2025年开始撤军。殖民遗产的丧失是法国不得不面对的窘境，经过20世纪60年代西非独立浪潮和近年来的剧变，法国对非洲内陆的控制似乎走到了尽头。

世界主义与地方主义的角力

从路易十四时代起，法语就成为欧洲宫廷和上流社会的通用语言，被标榜为地位、身份乃至文化品位的象征。20世纪下半叶，随着殖民地纷纷独立，法国更是希冀用法语作为纽带，挽回和保障自己在全世界的利益，一方面，与英美文化抗衡，另一方面，大规模推动法语的传播，在此基础上建立自己的文化帝国。

1962年，法国政界就在讨论建立一个以法国为核心的法语国家联盟。此后法国政府不断推动这一进程，甚至还建立了"保卫和发展法语最高委员会"，并希望能最终从法语国家的文化合作发展成为一种政治联盟。这个想法也得到了非洲法语国家支持。1965年年底，突尼斯总统在西非国家访问时，也鼓吹建立法语国家的联盟。1977年，塞内加尔总统桑戈尔也建议，按照英联邦的方式，实行法语国家元首和政府首脑的定期会晤。

20世纪80年代，密特朗担任总统时期，尤其致力于扩大法国在世界上的影响，推进法语国家联盟的计划。

1986年，40个法语国家元首在凡尔赛首次会晤。到2013年，参加了法语国家联盟的国家和地区共有57个，另外有20个观察员，其中使用法语作为官方语言或几种官方语言之一的国家和地区有32个。

为了推动法国文化的传播，法国在欧洲各国普遍设有考古和研究中心，在世界范围内也设有法国文化中心、法语学校等，国家给予这些机构大量资助和鼎力支持。创建于1883年的"法语联盟"机构今天也不断在全世界进行法国语言和文化的推广，目前在全球有近千所分支机构，分布于130个国家和地区，在中国也有15处分支。这个机构的重要目标就是"维护文化的多样性"，

萨特

其实也是希望在英美语言以外，增强法国语言的影响
力。除了语言，法国还致力于在其他层面向全世界推广
法国文化。法国的哲学、电影、音乐、图书等，成为
法国文化向世界各地传播的载体，充分体现法国的软实
力。20世纪后半叶的法国哲学家，如萨特、雷蒙·阿隆、
福柯、德里达、鲍德里亚、布尔迪厄，等等，在全世界
范围内影响着思想界和知识生产。著名的法国戛纳电影
节，也为世界电影的发展做出了巨大贡献，包容性强的
法国电影也与好莱坞形成了鲜明的反差。

　　法国的时尚、品牌文化也成为法国文化输出的一支
生力军。法国的美食、葡萄酒、化妆品、时装，等等，
对塑造法国在全世界的形象至关重要，法国在这个领域

努力打造的文化品牌，已经成为法国的核心竞争力。

此外，法国的荣誉军团勋章和骑士勋章都创立于拿破仑时期，是法国政府颁发的最高荣誉，但是在戴高乐的倡导下，也越来越多地颁发给外籍人士。法国以外，获此殊荣的各界人士越来越多，这有利于增强世界对法国文化的向心力及法国文化的影响力。

在整个20世纪80年代，密特朗都致力于发展经济、推动欧洲一体化、反对种族主义和排外，与极右翼斗争。这与他本人作为左翼的身份不无关系。70年代，石油危机导致经济衰退，法国结束了"辉煌的三十年"，右翼无法改变颓势，左翼上台。此时，英美都已经开始走向新自由主义，右翼纷纷上台，法国却背道而驰，试图用社会主义的方法解决危机，当然，法国左翼的改革收效甚微。值得注意的是，密特朗在1980年提议在巴黎塞纳河左岸建造一座阿拉伯世界文化中心，以期跨越法国文化所属的西方文化与阿拉伯文化之间的鸿沟。它与20世纪20年代修建的巴黎大清真寺相距不远，至今在巴黎都是一座非常显眼的建筑。这也体现了那个时期法国人的开放和包容态度。

90年代，随着全球化进程加速，资本流动要求顺应私有化，希拉克于1995年当选总统，开启了他漫长的执政生涯，不过，在激发经济活力的同时，他也开始抗拒欧洲一体化，排斥穆斯林移民，将权力集中在自己手中，而且，他对美国态度非常强硬，在国际事务上高调而强势。希拉克的这些举措，其实非常迎合法国人的高傲心态，使他极受欢迎。这再次体现了法国人心态中的矛盾之处，虽然希拉克理应顺应全球化的大趋势，但是希拉克又总是如戴高乐一般，强调法国的中心地位，保留了不少民族主义情绪，这位激发国民自豪感的总统赢得了骄傲的法国人的心。值得注意的是，希拉克对中国文化非常着迷，他执政时期与中国保持了友好关系。

21世纪，全球化方兴未艾之际，法国又进入了反全球化的高潮，极右翼的国民阵线和勒庞在2002年的选举中竟然战胜若斯潘，与希拉克直接竞争总统。但是，法国很快又恢复了其反对极右翼的传统，右翼、左翼、中间派联合起来，在大选中战胜了极右翼，希拉克再登总统宝座。但在当时，极右翼崛起也体现了一定的民意，不少人认为，全球化走得太快了，法国的移民太多了，甚至对法国人构成了威胁。

2005年，巴黎北部郊区爆发骚乱，很快扩散到大巴黎地区乃至全国，许多商店和汽车被抢被砸，骚乱持续了三个多星期。当时担任内政部长的萨科齐采取了强硬态度，主张驱逐外来移民，要对巴黎郊区进行"强力清洗"。谁想到，这却为萨科齐攒足了民意支持，一年多以后，他就当选了总统。

2010年起爆发于地中海南部和东部的颜色革命，激发了新一批的难民潮，法国基于人道主义，接收了不少难民，但也引起了不小的社会问题。2015年1月，爆发了《查理周刊》事件，该杂志由于对宗教信仰的嘲讽而遭受恐怖袭击，同年11月，巴黎再次爆发了大规模恐怖袭击，造成一百多人死亡。这无疑加剧了法国的社会动荡和社会分裂。

近年来，移民问题始终盘旋在法国上空，加上东欧的动荡，令法国在全球化和本国利益的选择中步履维艰，如何维持在全球化中获得的利益，在欧洲一体化和区域战争中，如何弥合社会裂缝、加强社会团结和国家认同，尤其是避免走向极右翼，妥善解决问题，从而应对时代的挑战，还有赖于法国人的智慧。

推荐书目：朱利安·杰克逊的《戴高乐将军》

　　《戴高乐将军》这本传记中文版由朱明、徐海冰译，上海文汇出版社于2020年出版。该书详细地记述了戴高乐的一生，对这位法国历史上具有重大争议和复杂性的政治人物做了深入分析。作者力图用客观的态度和方法，使用了大量新近公开的档案史料、戴高乐的手稿，以及图片，重新审视戴高乐在影响法国至深的两场战争中起到的重要作用，剖析了戴高乐如何改变法国人思考

国家政治和历史的方式，并且对其私人生活和家庭也做了细致描述，呈现出了更加立体和丰富的人物形象。

　　朱利安·杰克逊任教于伦敦大学玛丽女王学院，是英国科学院和皇家历史学会的院士，也是研究戴高乐和20世纪法国史的权威。

名胜古迹：里昂中法大学旧址

在里昂城内，有一座建在山丘上的城堡里的大学——里昂中法大学，访问者穿过一道写有中文"中法大学"四个大字的大门，就能走进20世纪上半叶中法交流的历史。

1920年，留法学人尝试将法国的教育理念引入中国，推行新式教育，在北京创办了中法大学，蔡元培任首任校长。次年，在李石曾等人的推动下，法国利用庚子赔款，在法国里昂成立了中法大学海外部，即里昂中法大学，作为北京中法大学的海外分校。从此，一批中国留学生聚集到里昂勤工俭学。这座大学于1921年由留法勤工俭学运动产生，到1946年为止，共接收中国留学生473名，他们学习的科目以理工科为主，涉及基础科学、工业、纺织、商业、工程建筑等领域，回国后很多都成为各界的顶梁柱。

另一座城市蒙达尔纪，位于巴黎东南100多公里处，则是20世纪20年代中国赴法勤工俭学的留学生最多的地方，周恩来、邓小平等就是在这里学习的，也包括中法大学的创始人李石曾。

在里昂中法大学校园中，有广州市政府于2014年赠送的留法学生雕像，其中有中国法国史研究的开创者之

———沈炼之先生。沈炼之于1928年进入里昂中法大学学习，1933年获得博士学位后回国，20世纪50年代开创了杭州大学的法国史研究。

中国法国史研究的另一位开创者王养冲先生，起初担任胡汉民秘书，1937年避地于法国，进入巴黎大学学习，1941年获得博士学位，1947年回国，20世纪50年代开创了华东师范大学的法国史研究。

里昂中法大学，作者摄于2023年

早期中国留法学生群像，作者摄于2023年

参考文献

Georges Duby, ed, *Histoire de la France Urbaine*, 5 vols.
　　Paris: Seuil, 1983.

Emmanuel Le Roy Ladurie, *Histoire de France des Régions*,
　　Paris: Seuil, 2001.

Pierre Nora, *Les Lieux de Mémoire*, 3 vols, Paris:
　　Gallimard, 1993.

Bernard Rouleau, *Paris: Histoire d'un Espace*, Paris: Seuil,
　　1997.

［法］乔治·杜比 主编：《法国史》（三卷本），吕一民等
　　译，商务印书馆2023年版。

［法］乔治·杜比、罗贝尔·芒德鲁：《法国文明史（修订
　　版）》，傅先俊译，东方出版中心2024年版。

［法］乔治·杜比：《大教堂时代：艺术与社会（980—
　　1420）》，顾晓燕译，南京大学出版社2022年版。

［英］科林·琼斯：《剑桥插图法国史》，杨保筠、刘雪红

译，世界知识出版社2004年版。

［法］皮埃尔·诺拉 主编：《记忆之场》，黄艳红等译，南京大学出版社2015年版。

［法］费尔南·布罗代尔：《法兰西的特性》（三卷本），顾良、张泽乾译，商务印书馆1994—1997年版。

［法］帕特里克·布琼：《法兰西世界史》，徐文婷等译，上海教育出版社2018年版。

陈文海：《法国史》，人民出版社2004年版。

吕一民：《法国通史》，上海社会科学院出版社2023年版。

吕一民：《法兰西的兴衰》，浙江人民出版社2024年版。

吕一民、朱晓罕：《良知与担当：20世纪法国知识分子史》，浙江大学出版社2012年版。

沈坚 主编：《法国通史》（六卷本），江苏人民出版社2024年版。

沈坚、乐启良 编：《当代法国史学研究新趋势》，浙江大学出版社2021年版。

张芝联 主编：《法国通史》，北京大学出版社2009年版。

大事年表

公元前390年	高卢人占领罗马
公元前50年	恺撒征服高卢
162年	日耳曼人入侵高卢
350年	法兰克人、阿勒曼尼人入侵高卢
373年	圣马丁担任图尔主教
413年	西哥特人进入高卢南部
451年	匈人入侵高卢
476年	西罗马帝国灭亡
496年	托尔比亚克之战，克洛维皈依基督教
511年	克洛维去世，法兰克王国被诸子瓜分
561年	克洛塔尔去世，法兰克王国再度

被诸子瓜分

573 年	格里高利担任图尔主教，书写《法兰克人史》
732 年	查理·马特在图尔阻止了阿拉伯人的北进
751 年	丕平加冕开启加洛林王朝
800 年	查理曼加冕
843 年	《凡尔登条约》签订，加洛林帝国一分为三
911 年	维京人受封为诺曼底公爵
987 年	于格·卡佩加冕开启卡佩王朝
1066 年	诺曼底公爵威廉征服英国
1095 年	教皇乌尔班二世在克莱芒演讲，号召发动十字军东征
1154 年	英国国王亨利二世建立跨越英吉利海峡的安茹帝国
1259 年	英国国王亨利三世将诺曼底、曼恩、安茹、普瓦图、阿基坦还给法国国王
1337—1453 年	英法百年战争

1494—1559年	意大利战争
1572年	圣巴托罗缪之夜，法国胡格诺派新教徒被大肆屠杀
1598年	亨利四世颁布《南特敕令》，天主教徒与新教徒宗教和解
1618—1648年	三十年战争
1648—1653年	投石党运动
1685年	《南特敕令》被废除
1701—1714年	西班牙王位继承战争，法国波旁王朝入主西班牙王室
1748年	孟德斯鸠出版《论法的精神》
1751年	狄德罗出版《百科全书》第一卷
1756—1763年	英法七年战争，法国失去北美殖民地
1778年	法国为报复英国，支持美国独立战争
1789年	法国大革命爆发
1804年	拿破仑加冕为皇帝
1814年	拿破仑退位
1830年	七月革命爆发

1848年	二月革命爆发，七月王朝被推翻
1851年	路易·拿破仑发动政变，次年加冕为拿破仑三世
1853年	奥斯曼男爵开始改造巴黎
1853—1856年	克里米亚战争，英法联合干涉俄国入侵奥斯曼土耳其
1862年	雨果出版《悲惨世界》
1863年	马奈在"落选者沙龙"展出《草地上的午餐》
1869年	苏伊士运河开通
1870—1871年	普法战争，法国失败
1870年	法兰西第三共和国成立
1871年	巴黎公社
1892—1893年	巴拿马运河丑闻
1894—1906年	德雷福斯事件
1895年	卢米埃尔兄弟发明电影
1900年	在顾拜旦的大力支持下，第二届奥运会在巴黎举办
1905年	法国颁布政教分离法
1914—1918年	第一次世界大战
1916年	凡尔登战役、索姆河战役

1919 年	《凡尔赛和约》签订
1923 年	法国占领鲁尔区
1925 年	《洛迦诺公约》签订
1936 年	布鲁姆组建"人民阵线"
1939 年	法国参加第二次世界大战
1940 年	法国被德国占领，维希政府成立
1944 年	诺曼底登陆
1951 年	欧洲煤钢共同体成立
1954 年	奠边府战役失败，法国撤出印度支那
1957 年	《罗马条约》签订
1958 年	第五共和国成立，戴高乐当选总统
1962 年	阿尔及利亚独立
1968 年	巴黎工人和学生运动
1972 年	勒庞组建极右翼政党"国民阵线"
1981 年	密特朗当选总统
1994 年	英法海底隧道开通，连接法国和英国
1998 年	法国队战胜巴西队，第一次赢得国际足联世界杯冠军

1999年	法国因疯牛病而禁止从英国进口牛肉
2002年	欧元取代法郎
2005年	巴黎郊区骚乱
2015年	《查理周刊》事件，法兰西体育馆爆炸
2018年	黄背心运动
2022—2023年	法国从西非三国马里、布基纳法索、尼日尔撤军
2023年	法国大规模骚乱
2024年	西非三国退出西共体

后　记

　　说到中国人对于法国文学的了解，恐怕都会提到都德的《最后一课》，其中的小弗朗士不爱学习法语，但是普鲁士人占领家乡以后，规定所有人不能再学习法语，这令他倍加珍惜最后一课。这似乎成了中国人了解法国民族主义情绪的一篇经典之作。然而，当我们问起今天的法国人，他们却对这篇文章没什么印象，甚至一点都不了解都德这位作家。每每如此，都会令人疑惑中国人学的这篇课文究竟是不是法国的文学作品。

　　实际上，这篇小说在19世纪的法国深受欢迎。那时正值法兰西第三共和国时期，教育政策主要是针对普法战争的后果而制订的，尤其是阿尔萨斯和洛林的丢失，让法国人对德国人充满仇恨，为了让学生不忘国耻，自立自强，学校课程都在努力弘扬民族情感。要求学生背诵的课文就包括都德的《最后一课》、雨果的《俄国大撤退》《两个小孩的环法旅行》，还有一些经典的形象被塑造和强化，如维辛格托列克斯、苏瓦松金杯、查理曼、圣女贞德。

时过境迁，如今法国人竟然不再了解当年的必背课文，这与二战之后欧洲的一体化有关，法国走在了全球化的大道上，这令她感受到了历史上的另一种辉煌和光荣。

不过，在当代法国的社会上，还是充满了左与右的斗争，开放的世界主义和排外的民族主义经常纠缠在一起，虔诚的天主教信仰又经常与激进的世俗主义不断对抗。

法国人有开放包容的基因，他们一直张开双臂拥抱外来的人才，许多文学家、音乐家、画家都到法国寻找栖居之地，实现生命的飞跃。法国能够尽其所能，为这些异乡人提供施展自己才华的条件，从而创造了天才群星闪耀的环境。中国人也是如此，徐悲鸿、林风眠等到法国学习，带回了古典主义和印象派，并且结合本土的特色，形成中国美院和中央美院两种传统。老一辈政治家周恩来、邓小平等到法国勤工俭学，带回了革命的思想和火种，开启了一个新的时代。今天，里昂还保留着一座新中法大学，静静诉说早期留法中国学人的往事。

然而，法国人也有不包容的地方，一部分法国人对不认同自己理念的人绝不宽容。历史上，经常出现法国人对犹太人、穆斯林的排斥。今天，坚持了几十年的勒庞家族及其"国民联盟"，在法国还有不小的影响力，这些极右翼或许会让人想到20世纪初的"法兰西行动"乃至19世纪的保皇党,明知对抗世界潮流也依然坚持己见。另一部分法国人过于坚持自己的理想,如世俗、自由、平等,对违背这些理念的行为会全力抗争。这也是为何巴黎奥运会开幕式上演解构版《最后的晚餐》这种惊世骇俗、极具争议的节目,这些法国人或许也是通过夸张的表现,表达自己的理念,他们反对的其实是对边缘群体的歧视。法国人会毅然决然地坚持自己认为正确的主张,并不惜付出代价,可能这种做法让人感觉过于专制,甚至过于专横。

这就是法国充满矛盾的地方。

法国有左翼传统,法国人在历史上不断掀起叛乱和发动革命,向君权、教权、政府、资本发动进攻,也会向社会不公、种族歧视、全球化带来的环境和社会问题宣战。这成为法国人的传统,也成为其卓尔不群、特立独行的文化的源头。

1968年五月风暴自不用说。1995年,密特朗社会党的长期统治结束,法国政府采取过于严苛的经济政策,导致了全国性的罢工罢课游行示威。2000年前后,正是全球化大潮席卷全球的时刻,但法国人又不满了,他们针对全球化带来的各种弊端发起抗议,利益受损的阶层走上街头,科西嘉甚至出现了动乱,而著名知识分子布尔迪厄则走在抗议人群的最前头。2005年,由于警察执法不当，巴黎郊区爆发骚乱，人们抗议对外来移民的不公。但是，2008年金融危机和2011年阿拉伯之春，让更多的非法移民进入法国，引起了更大的矛盾。2015年，《查理周刊》事件，法兰西体育馆爆炸案，暴力恐怖氛围甚嚣尘上，法国的世俗主义者与原教旨主义者出现激烈对抗。2018年，马克龙推动激进改革，又导致了黄背心运动，人们涌上街头。而2023年警察针对少数族裔的暴力执法，再度引发大规模骚乱。2024年年底，由于财政和社会保障改革问题，法国内阁竟被国民议会推翻。

如何理解法国人这种一言不合就上街的特性，自然还是要从其历史当中去寻找答案。如果简单归纳的话，那就是两点：不苟同、不随波。

不苟同，就是坚持自己的理念，不仅同历史斗争，甚至与世界相抗，这从历史上的艾田·马赛起义、法国大革命、五月风暴、2002年抗议全球化，都可以看出来。

不随波，则是坚持个性，坚持多元，走一条与众不同、特立独行的道路。法国人看重创新，喜欢各种先锋派的实验作品，但是又能从中发展出经典，如埃菲尔铁塔、卢浮宫金字塔、印象派，等等，这些作品都是在一开始遭到许多人质疑，但是又坚持下来，发展成为主流和大众审美所接受的创新。那些叛逆的思想家，如波伏娃、萨特、福柯、布尔迪厄等，当初谁能想到，今日铺天盖地而来的各种运动，竟然就是从他们那里启动的！

这些都是作者在写作本书的过程中一直在思考的，历史与现实很难分开，这也是为何在现实的映照下，需要不断地重新思考历史，需要一遍遍地书写历史。

国内已经翻译过来的法国史和国内学者书写的法国史已有很多，其中不乏经典之作。本书从未想过要超越这些作品，也正因为如此，本书中没有对法国的宗教改革和胡格诺战争、启蒙运动、法国大革命等国人非常熟悉的历史事件施以太多笔墨，这些事件在各种法国史著作中已有太多记述，相关研究也很多。这本小书只是借助近20年来的法国社会的发展趋势，尤其是利用2024年巴黎奥运会开幕式的契机，结合国内外法国史研究的动态，对法国的历史、当下、未来做的一个小小的回顾和反思而已。巴黎奥运会开幕式的学术顾问正是笔者尊敬的历史学家帕特里克·布琼，他曾主编《法兰西世界史》。感谢他参与主创的这场"盛宴"，给了笔者许多灵感，得以重温法国的精彩历史。

海明威在《流动的盛宴》中写道："假如你有幸年轻时在巴黎生活过，那么你此后一生中不论去到哪里，她都与你同在，因为巴黎是一场流动的盛宴。"其实，笔者本人恰恰就有幸年轻时在巴黎生活过一年，那时作为穷学生，住在奥斯曼式住宅的顶楼，经常到海明威喜爱的丁香园咖啡馆对面的罗亚尔港学生餐厅果腹，周末到各大博物馆和近郊穷游，流连忘返于法国国家图书馆、巴黎高师图书馆、索邦图书馆和各区的公立图书馆，以及巴黎市中心圣米歇尔广场附近的吉伯特书店（2023年笔者重游巴黎发现这家书店已关闭，令人感伤）。在此后的近20年当中，巴黎的确一直与我同在，她给予的精神财富无穷无尽，足以反刍终生，不管何时何地，都因有她而感到温暖和精彩。

在全球化受阻与民族主义抬头并存，危机四伏且剧烈变动的当下，相信法国人在调整和加强身份认同的同时，也会乐观开放地面向世界、走向全球，以特立独行的姿态，继续为世界贡献丰富的文化产品。

朱　明

2024年冬于华师大